普通高等学校应用型教材

审 计

U0794742

审计实务教学案例

第2版

主 编 彭俊英 陈艳芬

副主编 吴津钰 张丹丹

中国人民大学出版社

·北京·

前　言

本书自2018年出版以来，得到了教师和同学们的普遍认同，被山东财经大学审计学慕课列为参考书目。当前，企业经济活动与大数据、人工智能、互联网、云计算等新技术深度融合，经济转型升级和创新发展中新的商业模式层出不穷，这深刻影响了会计准则、审计准则的发展与走向。我国会计准则、审计准则持续修订以适应新经济、新业态、新模式的需求。审计教育必须紧跟经济环境的变化，深化改革，以满足信息化环境下对应用型审计人才的需求。审计学是审计人才培养的核心课程之一，由于其复合程度高且实践性强，普遍存在难懂、难学、难教的教学痛点，严重制约审计人才培养目标的实现。我们认为通过运用案例教学，将审计学理论知识融入丰富、有趣的案例情境中，可有效提高审计学教学效果，走出审计学难学、难教的困境。

依据数字经济时代审计环境的变化及新修订的审计准则，在收集了大量审计实务案例的基础上，我们对全书进行了修订。本书既可作为审计学、审计实务课程的教学辅导用书，也可作为审计案例分析课程的教材。

本书修订的主要内容包括：一是增加了审计程序专题案例，包括风险评估、控制测试、分析程序、函证、截止性测试、监盘六个综合案例；二是丰富、更新了基础案例，增加了管理层认定、审计重要性、内部控制、审计抽样四个综合案例，更新了法律责任、审计证据、货币资金审计三个综合案例；三是全面更新了拓展案例，选取了审计期望差距、厘清会计责任与审计责任、新《证券法》对注册会计师行业的影响、信息系统审计、数据式审计模式五个热点主题撰写综合案例，引导同学们关注行业发展前沿动态，进行拓展学习。此外，本书新增了教材配套资源：教师手册，其中包含了编者关于28个综合案例的混合式教学经验，供教师教学参考借鉴。

本书具有如下特点：

（1）全面性。本书选取了28个综合案例，每个案例配合一个主题。案例主题的确定以注册会计师审计工作流程为主线，涵盖了审计学、审计实务课程的主要内容。

（2）新颖性。本书尽可能选取我国上市公司近五年的审计案例，确保案例内容与当前的会计准则、审计准则以及经济环境密切相关，现实感强。

（3）客观性。本书案例的所有资料和数据的来源均有正式的渠道。此外，案例描述不加入编者的主观评判，以客观事实为主，便于读者各抒己见，从各种角度解读案例，激发读者的思维灵活性。

（4）拓展性。本书所选案例均来自公开的审计案例，读者可不受本书提供的案例资料以及问题引导的局限，进行拓展阅读，对案例进行深入研究。

（5）前瞻性。本书的内容紧跟行业发展趋势。针对数据式审计模式、信息系统审计在审计实务中的应用，通过真实的审计案例展示当前审计技术的新发展以及审计的发展趋势，以提高案例内容的前瞻性和延伸性。

本书由深圳市中医院彭俊英副教授、广州新华学院会计学院陈艳芬副教授、广州新华学院会计学院吴津钰副教授、广东财贸职业学院张丹丹副教授、深圳市中医院翁郁明会计师、广州新华学院会计学院幸倞副教授共同编著。具体分工为：第 3 章至第 6 章、第 20 章至第 25 章由彭俊英编写；第 7 章至第 14 章由陈艳芬编写；第 26 章至第 28 章由吴津钰编写；第 15 章至第 17 章由张丹丹编写；第 18 章至第 19 章由翁郁明编写；第 1 章至第 2 章由幸倞编写。全书由彭俊英负责修订、总纂、定稿。

编者

目　录

第一篇　审计基础理论案例

第二篇　审计程序专题案例

第三篇　特殊项目审计专题案例

第四篇　拓展案例

第一篇　审计基础理论案例

第 1 章

质量控制：瑞华会计师事务所被罚事件

一、案例背景

1. 瑞华所被暂停承接新的证券业务

2017 年 2 月 14 日，财政部联合证监会发布《关于责令瑞华会计师事务所（特殊普通合伙）暂停承接新的证券业务并限期整改的通知》，责令瑞华会计师事务所（简称“瑞华所”）暂停承接新证券业务并限期整改。瑞华所成为 2017 年首个遭遇监管层重拳出击的会计师事务所。通知指出暂停瑞华所承接新证券业务的原因在于瑞华所在执行审计业务过程中未能勤勉尽责，分别于 2016 年 12 月、2017 年 1 月受到证监会的行政处罚，严重损害了社会公众利益、扰乱了资本市场秩序。

然而，自财政部联合证监会发布通知后，瑞华所被罚事件仍在持续发酵。2017 年 2 月 28 日，广东证监局向瑞华所出具行政处罚决定书，称“瑞华所在为勤上光电 2013 年年度财务报告提供审计服务过程中未勤勉尽责，在知悉审计对象存在被监管部门立案稽查的舞弊风险因素的情况下，本应更加认真严格履行审计职责，却未能按照审计准则的规定对有关银行账户和利息收入执行相关审计程序，出具的勤上光电 2013 年年度审计报告、关联方占用上市公司资金情况的专项审核报告存在虚假记载，发表了不恰当的审计意见”，广东证监局决定没收瑞华所业务收入 95 万元，并处以 95 万元的罚款。2017 年 3 月 13 日，证监会向瑞华所出具行政处罚决定书称“瑞华所作为振隆特产 IPO 审计机构……在审计过程中未勤勉尽责，其所出具的审计报告存在虚假记载”，证监会决定责令瑞华所改正违法行为，没收业务收入130万元，并处以260万元罚款。瑞华所审计质量问题接连发生，令行业唏嘘不已。

2. 瑞华所整改工作核查情况

2017年2月28日，瑞华所按要求向财政部、证监会报送了书面整改报告。整改报告中梳理了瑞华所近年来被证券监管机构立案调查的6宗案件（其中2宗案件尚未结案）和正在配合调查的2宗案件，列明了瑞华所通过自查发现的需要整改的问题20项（涉及内部治理、人员管理、财务管理、业务管理、质量控制等方面），并逐项说明了整改完成情况及下一步持续改进的举措。

2017年4月，财政部发布了《关于瑞华会计师事务所（特殊普通合伙）整改工作核查情况及处理决定的通知》（财会便〔2017〕12号）。通知指出财政部、证监会成立的联合核查组在对瑞华所整改情况进行核查后发现，瑞华所在质量控制和一体化管理方面仍存在一些问题，客观上构成执业质量和内部管理方面的风险隐患，主要包括：在质量控制方面，瑞华所在质量控制人员配备、专业判断分歧处理、证券业务审前风险评估、审计业务约定书规范管理等方面存在一定缺陷。在一体化管理方面，瑞华所在合伙人收益分配和考核、专职质量控制人员统一管理、分所预算执行差异考核、分所印章管理等方面存在一定缺陷。根据瑞华所整改情况及核查组的核查结果，财政部、证监会决定同意瑞华所自2017年4月7日起恢复承接新的证券业务。

附件一　中国证券监督管理委员会深圳监管局行政处罚决定书

附件二　关于瑞华会计师事务所（特殊普通合伙）整改工作核查情况及处理决定的通知

附件三　关于责令瑞华会计师事务所（特殊普通合伙）暂停承接新的证券业务并限期整改的通知

附件四　中国证监会行政处罚决定书（瑞华会计师事务所、温某水、秦某）

附件五　中国证券监督管理委员会广东监管局行政处罚决定书

附件六　中国证监会行政处罚决定书（瑞华会计师事务所、侯某勋、肖某）

二、审计机构的基本情况及主要的审计问题

1. 审计主体的基本情况

瑞华所是一家专业化、规模化、国际化的大型会计师事务所，具有 20 多年的发展历史；是我国第一批被授予 A+H 股企业审计资格、第一批完成特殊普通合伙转制的民族品牌专业服务机构，系美国公众公司会计监督委员会（PCAOB）登记机构，业务涉及股票发行与上市、公司改制、企业重组、资本运作、财务咨询、管理咨询、税务咨询等领域。

瑞华所总部设在中国北京，执业网络遍及全国，具有雄厚的专业技术力量，凝聚了一大批具备深厚专业素养、丰富实践经验、良好沟通能力及团队精神的行业精英。2017 年 1 月 12 日，中国注册会计师协会发布《2016 年会计师事务所综合评价前百家信息》，综合评价得分位居前 3 名的分别是普华永道中天会计师事务所、瑞华会计师事务所和德勤华永会计师事务所，瑞华所综合评价名列行业第二位，国内所第一位，综合得分排序较 2015 年提升 2 名，这也是瑞华所连续第四年领跑国内会计师事务所。瑞华所 2015 年度实现业务收入 40.30 亿元，拥有注册会计师 2 514 人，是我国注册会计师人数最多的会计师事务所。

2. 主要的审计问题

2016 年 12 月起瑞华所接连收到 4 份行政处罚决定书。4 份行政处罚决定书中陈述的瑞华所的违法事实（见表 1－1）客观反映了瑞华所的审计质量问题。从注册会计师层面来看，审计人员在审计过程中的通病主要体现在两方面：一是未能保持高度职业怀疑精神，二是未能按照准则规定履行有效的审计程序。从会计师事务所层面来看，审计质量问题频发的根源之一在于瑞华所审计质量控制薄弱，审计质量控制工作流于形式。

表 1－1　瑞华所的违法事实

时间	行政处罚决定书编号	瑞华所的违法事实
2016 年 12 月	中国证券监督管理委员会深圳监管局行政处罚决定书〔2016〕8 号	一、未恰当识别和评估键桥通讯 2012 年在收入确认方面的舞弊风险并实施相应的审计程序 二、未按准则规定实施实质性程序 三、未按准则规定实施函证程序

续表

时间	行政处罚决定书编号	瑞华所的违法事实
2017年1月	中国证监会行政处罚决定书（瑞华会计师事务所、温某水、秦某）〔2017〕1号①	一、瑞华所未合理考虑已识别的期后事项对长期股权投资减值准备的影响，未对相应错误予以识别和采取适当措施 二、瑞华所对于已识别的济南固锝质量索赔款会计差错，未采取适当措施予以处理 三、瑞华所出具标准无保留意见审计报告
2017年2月	中国证券监督管理委员会广东监管局行政处罚决定书〔2017〕3号	一、未按行业准则规定对银行账户实施函证程序 二、对利息收入执行审计程序时未能勤勉尽责
2017年3月	中国证监会行政处罚决定书（瑞华会计师事务所、侯某勋、肖某）〔2017〕22号	一、瑞华所对振隆特产2012年至2014年与营业收入相关的项目进行审计时未勤勉尽责 (一）瑞华所未保持应有的职业怀疑，未充分关注境外销售合同的异常情况 (二）未对函证保持控制 二、瑞华所对振隆特产2012年至2014年与存货相关的项目进行审计时未勤勉尽责 (一）未按审计准则及其设计的舞弊风险应对措施、总体审计策略执行相应的审计程序 (二）未按审计准则及总体审计策略的要求，实施有效的抽盘程序

资料来源：中国证监会官网.

三、思考与讨论

1.会计师事务所业务质量控制的要素有哪些?

2.结合案例资料，从业务质量控制要素的视角，分析瑞华所质量控制存在的缺陷。

3.在2017年的行政处罚风波中，瑞华所声誉严重受损。2018年至2021年，瑞华所又陆续收到了5份行政处罚决定书。加之深陷康得新百亿造假案，瑞华所流失了大量客户，合伙人及员工大量出走，收入雪崩，分所陆续注销。根据公司官网2020年7月发布的资本市场执业信息，瑞华所当时仅有233名注册会计师。试论述瑞华所被罚事件对注册会计师行业的启示。

① 出于对个人隐私等敏感信息的保护，书中对各类公开文件中涉及的相关个人做了隐名化处理，余同，不再赘述。

第2章

职业道德：安永会计师事务所被罚事件

一、案例背景

2016年9月19日，美国证监会（SEC）宣布，安永会计师事务所（Ernst & Young，以下简称“安永所”）被处以930多万美元（约合6 200万元）罚款，因其两位合伙人与重要客户的关系太过亲近。与此同时，这也是监管机构初次针对大公司职员和外部审计人员的私人关系采取执法行动。根据美国证监会的调查，两位当事人分别是安永纽约审计团队前高级合伙人格雷戈里·贝德纳（Gregory Bednar）与安永所前合伙人帕梅拉·哈特福德（Pamela Hartford）。

安永纽约审计团队前高级合伙人格雷戈里·贝德纳2012年被公司委派拓展纽约一家未知名的公司的业务关系时与该公司首席财务官及其家人成了好朋友（曾一同私人外游7次），并且互相出席对方家庭聚会。2012—2015年，格雷戈里·贝德纳拿出近10.9万美元款待该首席财务官及其儿子进行旅游和娱乐消费。安永所和格雷戈里·贝德纳没有认可或否认这些指控，安永所同意支付497.5万美元罚款，格雷戈里·贝德纳支付4.5万美元罚款，并被暂停执业3年。

无独有偶，美国证监会发现，安永所合伙人帕梅拉·哈特福德在审计房地产投资信托公司Ventas时，与该公司的首席财务官罗伯特·布雷勒（Robert Brehl）保持恋爱关系，后者在2014年离开了Ventas。而帕梅拉·哈特福德的上司——安永所合伙人迈克尔·卡缅斯基（Michael Kamienski）是知晓两人关系的。据美国证监会披露，帕梅拉·哈特福德和罗伯特·布雷勒的亲密关系始于2012年3月，到2014年6月被Ventas公司的副总裁内部举报前一直不为外人所知。安永所、帕梅拉·哈特福德、迈克尔·卡缅斯基和罗伯特·布雷勒没有承认也没有否认上述调查结果。安永同意支付436.6万美元罚款，帕梅拉·哈特福德和罗伯特·布雷勒同意各自支付2.5万美元罚款。帕梅拉·哈特福德和迈克尔·卡缅斯基都被暂停执业3年，罗伯特·布雷勒被暂停执业1年。

二、审计机构的基本情况及主要的审计问题[①]

1. 审计主体的基本情况

安永所作为世界四大会计师事务所之一，是全球领先的专业服务公司，为世界各地的企业提供审计、税务及财务交易咨询等专业服务。该事务所成立于1989年，总部设在英国伦敦，目前在全球已有超700个办事机构，在我国的多座城市设有办事处，例如北京、上海、广州、深圳、香港、澳门、杭州、厦门等。

（1）安永所的国际知名客户。

安永所作为一家大型的审计机构，客户广泛分布于石油业、金融业、政府部门、娱乐业、消费品行业、零售业、电信业、高科技行业。[②]

（2）安永所的大中华地区客户。

采掘与冶炼行业：中国铝业，宝山钢铁，武汉钢铁，马鞍山钢铁，西部矿业。

金融服务业：中国银行，北京银行，宁波银行，中国人寿，太平洋保险，中信证券，深圳发展银行，信和财富。

医疗健康行业：三九医药，复星医药。

制造业：中国铁建，潍柴动力，上海电力。

消费品行业：张裕，美特斯邦威。

高科技行业：华硕，百度，联华电子，中兴通讯，用友软件。

旅游及物流行业：中国东方航空，大连港。

① 后文若涉及相同审计主体，其基本情况不再赘述。

② 安永所在国际上拥有许多知名的客户，比如英国石油、瑞士联合银行、美国银行、美国邮政、英国皇家邮政、澳大利亚移民局，澳大利亚皇家铸币厂、保时捷、希尔顿，特朗普娱乐度假村、洲际酒店、西门子、日产、美联社、华纳兄弟、麦当劳、可口可乐、亚马逊、沃尔玛、苹果、谷歌、惠普、英特尔、甲骨文、飞利浦、脸书、美国国际电话电报公司、法国电信、德国电信、美国航空，英国航空，大陆航空，达美航空，联邦快递等。

2. 主要的审计问题

（1）审计人员与被审计单位的高级管理人员存在亲密关系。

根据美国证监会的调查，安永所两位合伙人被罚的原因均是与被审计单位的高级管理人员存在亲密关系，格雷戈里·贝德纳是与被审计单位的高级管理人员存在亲密友谊关系，帕梅拉·哈特福德是与被审计单位的高级管理人员存在恋爱关系。

（2）事务所未采取足够和适当的防范措施。

在审计合同存续期间，格雷戈里·贝德纳与被审计单位首席财务官保持大量的短信、邮件及语音沟通。安永所的合伙人知晓格雷戈里·贝德纳因亲密友谊关系而发生的消费支出，但未采取任何防范措施。安永所合伙人迈克尔·卡缅斯基对于帕梅拉·哈特福德和罗伯特·布雷勒的恋爱知情，同样未能展开合理调查，或在内部提出关切。

美国证监会表示，安永所对这两段亲密关系都未能采取适当防范措施。其中，美国证监会执法部主任安德鲁·塞雷斯尼（Andrew Ceresney）指出："安永所没有采取足够举措来察觉或者阻止这些合伙人与客户建立过于亲密的关系，违背了他们作为独立审计人员的角色。"

三、思考与讨论

1. 安永所的注册会计师是否违反了职业道德？简要说明原因。
2. 从会计师事务所层面及注册会计师层面，论述如何防范亲密关系损害独立性。
3. 试论述提高注册会计师审计独立性的若干对策。

第3章

法律责任：天柱会计师事务所承担刑事责任实例

一、案例背景

安徽天柱会计师事务所及所内四名注册会计师在明知被审计单位潜山康博粮油食品工业有限公司（以下简称“潜山康博公司”）、安徽凯龙电气设备有限公司（以下简称“安徽凯龙公司”）提供的财务报表主营业务收入、净利润系夸大、虚构的情况下，未履行正常的审计程序，未按独立审计准则的要求进行审计，故意提供虚假审计报告，2014 年 6 月被安徽省潜山县人民检察院提起公诉。

2014 年 7 月 16 日安徽省潜山县人民法院作出（2014）潜刑初字第 00071 号刑事判决，判决内容如下：一、被告单位安徽天柱会计师事务所犯提供虚假证明文件罪，判处罚金五万元；二、被告人鲍某东犯提供虚假证明文件罪，判处有期徒刑一年二个月，并处罚金一万八千元；三、被告人朱某平犯提供虚假证明文件罪，判处有期徒刑一年一个月，并处罚金一万五千元；四、被告人王某明犯提供虚假证明文件罪，判处有期徒刑十一个月，并处罚金一万二千元；五、被告人程某松犯提供虚假证明文件罪，判处有期徒刑十个月，并处罚金九千元；六、安徽天柱会计师事务所退缴到该院的违法所得一万五千元，予以没收，上缴国库。鲍某东不服上诉，在安徽省安庆市中级人民法院终审审理过程中，申请撤回上诉。安徽省安庆市中级人民法院认为原判认定事实清楚，证据确实、充分，适用法律正确，量刑适当，审判程序合法，维持原判。

附件一　安徽省潜山县人民法院刑事判决书

附件二　安徽省安庆市中级人民法院刑事裁定书

二、审计机构的基本情况及主要的审计问题

1. 审计主体的基本情况

安徽天柱会计师事务所，成立于 2004 年，地址为安徽省潜山市梅城镇潜阳路 68 号，注册资本 500 万元，实缴资本 50 万元。所属行业为商务服务业，经营范围包含：审计、验资、财务咨询、会计服务、账表销售。2015 年更名为安徽天民健会计师事务所有限公司。

2. 主要的审计问题

（1）未履行审计正常程序，未按独立审计准则的要求进行审计。

在潜山康博公司年度报表审计中，注册会计师没有按审计准则和会计法规的要求对潜山康博公司进行现场审计、核对账目，没有对潜山康博公司的资产负债、营业收入、利润进行核实，按潜山康博公司会计人员提供的报表数字出具了审计报告。而另一名签字注册会计师对审计报告未予任何审查就签名盖章，出具给潜山康博公司。

在安徽凯龙公司 2012 年年度报表审计中，注册会计师朱某平未履行审计正常程序，未按独立审计准则的要求进行审计，按安徽凯龙公司财务人员提供的财务报表制作了审计报告并签字盖章。而另一名签字注册会计师王某明在未对朱某平制作的审计报告进行审查的情况下也签名盖章，将审计报告出具给安徽凯龙公司。

（2）明知被审单位财务报表数据造假，故意出具虚假审计报告。

被审计单位潜山康博公司 2009 年度、2010 年度处于基建阶段，公司真实账面记载的利润表中主营业务收入、净利润均为“0”。潜山康博公司 2011 年度真实账面记载的利润表中主营业务收入为 15.6 万元、净利润为－174.8 万元。安徽天柱会计师事务所及相关注册会计师明知潜山康博公司虚增主营业务收入、净利润，仍连续三次向潜山康

博公司出具了虚假的审计报告。

在时任潜山县经信委副主任、潜山县政府驻安徽凯龙公司工作组组长王乐某明确告知注册会计师朱某平，为解决安徽凯龙公司的资金问题，需要从银行融资，但安徽凯龙公司当前的财务状况是亏损状态，肯定不符合银行贷款的要求，希望朱某平能按照安徽凯龙公司财务人员提供的虚增财务报表，直接出具符合银行贷款条件的审计报告。注册会计师朱某平将情况向时任安徽天柱会计师事务所法定代表人王某明作了汇报，王某明知道利润表中的主营业务收入、净利润是为了达到从银行贷款目的需要虚增的情况后，同意为安徽凯龙公司出具审计报告。安徽天柱会计师事务所出具的审计报告中利润表记载的安徽凯龙公司2012年度主营业务收入5 286.63万元、净利润454.18万元，与安徽凯龙公司2012年度真实账面记载的利润表中主营业务收入84.19万元、净利润－56.45万元严重不符。

三、思考与讨论

1.注册会计师的法律责任有哪些类型？安徽天柱会计师事务所及其四名注册会计师在此案中承担的法律责任属于哪一类型？

2.试从法律责任的构成要件角度详细分析安徽天柱会计师事务所及其四名注册会计师承担法律责任的原因。

3.作为新时代审计行业的接班人，如何做到知法遵法守法？

第4章

管理层认定：金正大信息披露违法违规事件

一、案例背景

2022年1月，中国证监会对金正大生态工程集团股份有限公司（以下简称“金正大”）出具了当年的第一份行政处罚决定书。原因是金正大公开披露的《2015年年度报告》《2016年年度报告》《2017年年度报告》《2018年年度报告》《2019年年度报告》《2018年半年度报告》《2019年半年度报告》均存在虚假记载。金正大上述行为违反了《证券法》第七十八条第二款以及第七十九条有关半年度报告、年度报告的规定，构成《证券法》第一百九十七条第二款所述情形：信息披露义务人报送的报告或者披露的信息有虚假记载、误导性陈述或者重大遗漏的，责令改正，给予警告，并处以一百万元以上一千万元以下的罚款；对直接负责的主管人员和其他直接责任人员给予警告，并处以五十万元以上五百万元以下的罚款。

附件　中国证监会行政处罚决定书（金正大、万某步、李某国、唐某、崔某、高某武、颜某霄、郑某林、徐某军）

二、被审计单位的基本情况及主要的会计问题

1. 被审计单位的基本情况

金正大生态工程集团股份有限公司于1998年8月26日成立。公司是从事复合肥、缓控释肥、水溶肥及其他新型肥料研发、生产和销售的国家重点高新技术企业、国家创新型企业和全球最大的缓控释肥生产基地。作为缓控释肥料行业标准与国家标准起草单位、全国缓控释肥产业技术创新战略联盟理事长单位，其先后在山东临沭、山东菏泽、安徽长丰、河南郸城、河南驻马店、辽宁铁岭、贵州瓮安、云南晋宁、山东德州、广东英德等地建有生产基地，并在北京、济南、华盛顿等地设有研发机构。

2. 主要的会计问题

（1）通过虚构贸易业务虚增收入利润。

2015年至2018年上半年，金正大及其合并报表范围内的部分子公司通过与其供应商、客户和其他外部单位虚构合同，空转资金，开展无实物流转的虚构贸易业务，累计虚增收入2 307 345.06万元，虚增成本2 108 384.88万元，虚增利润总额198 960.18万元。

（2）未按规定披露关联方及关联交易。

金正大未如实披露其与诺贝丰（中国）农业有限公司（以下简称“诺贝丰”）、富朗（中国）生物科技有限公司（以下简称“富朗”）、诺泰尔（中国）化学有限公司（以下简称“诺泰尔”）之间的关联关系及关联交易。金正大在2018年、2019年年度报告中将诺贝丰披露为关联方，披露原因包括金正大持有诺贝丰10.71%的股权、诺贝丰法定代表人在金正大担任中层管理职务、金正大2018年度与诺贝丰发生大额资金往来。而真实情况是，万某君系金正大实际控制人、董事长兼总经理万某步的妹妹。万某君通过直接持有或者通过他人代为持有方式，持有诺贝丰投资有限公司（以下简称“诺贝丰投资”）100%股权，并能够对诺贝丰投资实施控制。诺贝丰投资系诺贝丰控股股东，万某君系诺贝丰的实际控制人。因此，万某君为金正大的关联自然人，诺贝丰为金正大的关联法人。此外，2018年度、2019年度，金正大通过预付账款方式，分别向诺贝丰支付非经营性资金554 505.44万元、252 901.98万元，金正大未按规定在2018

年、2019年年度报告中披露。

万某君持有富朗、诺泰尔100%股权，系富朗、诺泰尔的实际控制人。富朗和诺泰尔为金正大关联法人。金正大未在2018年、2019年年度报告中将富朗和诺泰尔披露为金正大的关联方。同时，金正大未在2018年、2019年年度报告中披露与富朗和诺泰尔的采购交易为关联方交易。

（3）虚减应付票据。

2018年7月至2019年6月，金正大作为出票人和承兑人，通过包商银行、中国民生银行、华夏银行、浙商银行四家银行向临沂凡高农资销售有限公司等7家参与前述虚构贸易业务的公司开具商业承兑汇票，累计金额102 800万元。金正大对其开具的上述商业承兑汇票未进行账务处理，导致《2018年年度报告》中虚减应付票据、其他应收款92 800万元，《2019年半年度报告》中虚减应付票据、其他应收款102 800万元。

（4）虚增发出商品。

为解决大额预付账款余额、虚假暂估存货余额、消化存货盘亏问题，金正大通过领用虚假暂估入库的原材料和实际已盘亏的存货、虚构电费和人工费等方式虚构生产过程，虚增产成品254 412.84万元，并通过虚假出库过程，计入发出商品科目。同时，金正大还将从诺贝丰虚假采购并暂估入库的65 302.33万元货物也计入发出商品科目，最终形成发出商品319 715.17万元。上述情况导致金正大《2019年年度报告》虚增存货319 715.17万元，虚增利润总额14 181.26万元，虚增负债（其他应付款/应付职工薪酬）1 435.84万元。

三、思考与讨论

1.2019年2月20日，财政部发出《关于印发〈中国注册会计师审计准则第1101号——注册会计师的总体目标和审计工作的基本要求〉等18项准则的通知》（财会〔2019〕5号）；3月29日，中注协针对上述修订的审计准则发布24项应用指南。其中，《中国注册会计师审计准则第1211号——通过了解被审计单位及其环境识别和评估重大错报风险》的应用指南中，修订了管理层认定的分类。请同学们具体描述新准则及应用指南下，管理层认定的分类及具体内涵。

2.请同学们从管理层认定错报的视角，分析金正大年度财务报表存在哪些管理层认定的错报。

第5章

审计证据：福鼎白茶审计案例

一、案例背景

2020年9月，中审华会计师事务所（特殊普通合伙）（以下简称“中审华”）因在福鼎白茶股份有限公司（以下简称“白茶股份”）2017年财务报表审计中，未勤勉尽责，获取的财务费用审计证据不充分，获取的营业外收入审计证据不充分，使得出具的审计报告存在虚假记载，被中国证券监督管理委员会福建监管局出具了行政处罚决定书。福建监管局对中审华责令改正，没收业务收入15万元，并处以15万元的罚款；对两名签字注册会计师姚某海、贺某钊给予警告，并分别处以5万元的罚款。

附件 中国证券监督管理委员会福建监管局行政处罚决定书〔2020〕4号（中审华会计师事务所（特殊普通合伙）、姚某海、贺某钊）

二、审计机构的基本情况及主要的审计问题

1. 审计机构的基本情况

中审华会计师事务所（特殊普通合伙），前身是华寅会计师事务所。华寅会计师事

务所是1995年经审计署批准设立的审计署署管审计事务所，是我国恢复注册会计师制度后成立最早并且最早取得证券期货审计资质的会计师事务所之一。2011年12月，为进一步扩大事务所规模、提升核心竞争力，华寅会计师事务所与五洲松德联合会计师事务所合并，合并后机构名称变更为华寅五洲会计师事务所（特殊普通合伙）。为积极响应行业“十二五”期间做大做强的战略，2013年11月，华寅五洲会计师事务所（特殊普通合伙）与中审国际会计师事务所有限公司实施重组，成立了中审华寅五洲会计师事务所（特殊普通合伙），并于2016年更名为中审华会计师事务所（特殊普通合伙）。

中审华是中国知名的大型专业服务机构之一，是HLB浩信国际会计网络的中国成员机构，能够与HLB浩信国际协同合作，有效整合与利用国内国际两个服务平台，为跨国公司在华投资及中国企业“走出去”提供有力支撑与专业服务。近年来中审华业务收入和人员规模持续提升，行业影响力不断增强，2021年在全国注册会计师行业综合评价中排名21位，拥有注册会计师500余人。随着机构整体发展战略的实施，中审华的核心竞争力将不断增强，服务领域和服务范围将不断扩大，并取得更大的发展。

2. 主要的审计问题

（1）获取的财务费用审计证据不充分。

审计过程中，中审华在已查看白茶股份与工商银行福鼎支行、建设银行福鼎支行、光大银行福州分行、福建福鼎恒兴村镇银行等债权人签订的借款合同，并已经了解白茶股份于2017年末存在多笔逾期借款且未计提逾期借款利息的情况下，于审计报告签发前未完成对建设银行福鼎支行短期借款的函证，也未实施必要的替代审计程序；未通过适当的方式，就白茶股份与债权人的逾期借款利息偿还情况进行核实。中审华在未取得包括建设银行福鼎支行在内的债权人同意免收白茶股份逾期贷款本金利息和逾期利息复利的必要审计证据的情况下，直接认可白茶股份未计提逾期借款利息的会计处理，得出了不恰当的审计结论，涉及少计利息343.21万元。

（2）获取的营业外收入审计证据不充分。

2017年，白茶股份根据工商银行福鼎支行出具的有关执行和解方案的《情况说明》，将已结转的应付利息冲回确认为当期营业外收入，合计117.25万元。《情况说明》明确执行和解方案为：“1.首先归还保证贷款300万元”，“2.其次归还抵押贷款689万元”，“在2018年5月份前抵押物处理完毕归还所欠贷款后，给予免除所欠贷款的全部利息”。《情况说明》同时明确：方案“最终审批权在省分行，需省分行审批后方可执行”。中审华两名注册会计师基于白茶股份已事实履行了执行和解方案，工商银行已接受，根据《合同法》有关规定，《情况说明》提到的执行和解方案已成立；实务中，金融机构与债权人最终和解未加收罚息或免于复利的案例非常多；工商银行与白茶股份达成和解协议对其他金融机构具有导向参考作用等原因，得出了“经过审计，本期的发生额可以确认。本期营业外收入主要系工商银行福鼎支行已经盖章的情况说明：2017年4月与支行商谈，达成和解方案，在2018年5月份前抵押物处置完毕归还所欠贷款后，给予免除所欠贷款的全部利息；2017年底工行欠款166.78万元，故免除全部利息的可能性非常大，企业将以前计提的工行利息按偿还比例计入营业外收入”的审计结论，认同白茶股份冲回应支付工商银行福鼎支行贷款利息、确认营业外收入117.25万元的会计处理。

福建监管局认为：1.工商银行福鼎支行出具《情况说明》中明确执行和解方案“最终审批权在省分行，需省分行审批后方可执行”，中审华并未提交审计时及其后工商银行接受白茶股份按方案执行的证据。即使按中审华所述，该执行和解方案为工商银行和公司达成的协议并已成立，则根据《合同法》第45条关于附生效条件合同的有关规定，工商银行福建省分行的审批同意为该协议生效条件，在省分行审批同意前协议尚未生效，对协议双方没有约束力。同时，协议明确了免除利息的前提条件，包括“首先归还保证贷款300万元”“其次归还抵押贷款689万元”“在2018年5月份前抵押物处理完毕归还所欠贷款”，中审华在审计中未取得公司已满足上述条件的充分、适当的审计证据。此外，公司截至2017年底的实际偿还情况也不能证明工商银行福鼎支行已免除其利息，中审华认可公司减免工商银行利息的会计处理依据不足。2.工商银行的和解协议即使生效，对公司其他债权人主张权利并无影响，公司仍需计提对其他债权人的应付利息。故中审华在白茶股份2017年年报审计过程中，认可公司就营业外收入等有关事项的会计处理的判断依据不充分。

三、思考与讨论

1.审计证据有哪些类型？判断审计证据可靠性的依据有哪些？

2.请同学们结合案例，分析在利息费用审计中注册会计师应当获取哪些审计证据，这些审计证据可靠性强弱如何，可以支持哪些审计目标。

第6章

审计重要性：凯迪生态审计案例

一、案例背景

中审众环会计师事务所（特殊普通合伙）（以下简称“中审众环”）在为“生物质发电第一股”凯迪生态环境科技股份有限公司（以下简称“凯迪生态”）2016年年审过程中未勤勉尽责，出具的审计报告存在虚假记载，被湖北证监局予以行政处罚：没收审计业务收入400万元，并处以400万元的罚款；两名签字注册会计师汤某俊、彭某被给予警告，并分别处以5万元罚款。

附件 湖北证监局行政处罚决定书

二、审计机构的基本情况及主要的审计问题

1. 审计机构的基本情况

中审众环始创于1987年，是全国首批取得国家批准具有从事证券、期货相关业务资格及金融业务审计资格的大型会计师事务所之一。中国注册会计师协会发布的《2021

年度会计师事务所综合评价百家排名信息》中，中审众环 2021 年度实现业务收入 21.69 亿元，有注册会计师 1 292 人，综合排名第 13 位。

2. 主要的审计问题

（1）未恰当应对识别出的重大错报风险。

审计过程中，中审众环对被审计单位及其环境进行风险评估后，认定凯迪生态负债率高、财务压力大、可能无法满足融资条件等，存在做多业绩的舞弊动机，适用收入舞弊假设。但在了解和测试内部控制（工程项目循环）时，未了解电厂在建工程存在认定及借款费用资本化相关控制，未设计和执行控制测试，未了解相关财务处理业务流程以及在财务报告中反映的在建工程期末余额包含的借款费用资本化金额，也未测试相关控制是否有效运行。

审计过程中，中审众环未将借款费用资本化金额具有财务重大性的未完工电厂识别为重要组成部分。中审众环以单个组成部分的税前利润和营业收入是否达到合并报表税前利润的 5%或营业收入的 10%作为判断财务重大性的基准。因未完工电厂在 2016 年度未产生营业收入或利润，导致其均未被识别为重要组成部分。2016 年北海凯迪生物能源有限公司（以下简称北海凯迪）等 7 家未完工电厂全年借款费用资本化金额，均超过当年合并报表税前利润的 5%（2 000 万元），具有财务重大性，未被识别为重要组成部分。而且，中审众环没有将未完工电厂识别为存在特别风险的组成部分。中审众环在识别出存在虚增利润的特别风险及做多业绩的舞弊风险的情形下，未考虑未完工电厂借款费用资本化对税前利润的影响，未将具有特殊性质或情况的未完工电厂识别为重要组成部分。

（2）在建工程及借款费用资本化实质性程序执行不到位。

①对在建工程的施工状态收集的审计证据不充分。

凯迪生态建设月报真实反映了在建工程施工状态，审计过程中，中审众环未获取相关建设月报以分析在建工程的施工状态，从而判断是否应进行借款费用资本化处理。实际上，中审众环系根据在建工程明细账本期发生额及余额增减变动显示的施工状态来判断是否符合借款费用资本化的要求，监盘抽取的样本规模不足，仅抽取了 5 家在建电厂实地查看了解施工状态。上述中审众环实地查看的 5 家电厂，其借款费用资本化金额合计 34 141 434.76 元，仅占 47 家电厂借款费用资本化金额总额的 7.38%。

②未按重要性水平对在建工程执行监盘。

审计中，中审众环未对借款费用资本化金额超过已完工电厂重要性水平（400 万元）的 24 家未完工电厂执行监盘，其中 5 家超过或接近报表层次重要性水平（2 500 万元），13 家处于全年停建状态而不应进行借款费用资本化处理。

③未考虑与借款费用资本化处理相互矛盾的证据。

中审众环《审计工作底稿复核意见》显示，在建电厂北海凯迪因用途变化、尚未与政府最终敲定投资协议，土地使用证仍未办理。但中审众环未考虑其对相关在建电厂施工状态的影响，或据此判断借款费用资本化处理是否符合企业会计准则的规定。2016 年北海凯迪资本化金额为 51 051 205.25 元，远超报表层次重要性水平，且 2016 年度全年处于停建状态。

三、思考与讨论

1. 本案例提及了两个重要性水平，已完工电厂重要性水平（400 万元）及报表层次重要性水平（2 500 万元），请简要说明这两个重要性水平的内涵。

2. 注册会计师如何确定被审计单位报表层次重要性水平？

3. 当一项错报远超报表层次重要性水平时，注册会计师应如何处理？

第7章

内部控制：浪奇存货舞弊案例

一、案例背景

2020 年 9 月 28 日，广州市浪奇实业股份有限公司（以下简称“浪奇”）公开发布了《关于部分库存货物可能涉及风险的提示性公告》。公告中指出浪奇及其子公司与江苏鸿燊物流有限公司（以下简称“鸿燊公司”）签订有《物流外包仓储合同》。根据《物流外包仓储合同》约定，公司将货物储存于鸿燊公司位于江苏省南通市如东县黄海一路×号的库区（以下称为“瑞丽仓”）。公司与江苏辉丰石化有限公司（以下简称“辉丰公司”）签订有 4 份仓储合同，根据该 4 份仓储合同约定，公司将货物储存于辉丰公司位于江苏省大丰港二期码头的库区（以下简称“辉丰仓”）。浪奇相关人员多次前往瑞丽仓、辉丰仓均无法正常开展货物盘点及抽样检测工作，浪奇于 2020 年 9 月 7 日分别向鸿燊公司、辉丰公司发出《关于配合广州市浪奇实业股份有限公司现场盘点、抽样储存于贵司库区的货物的函》，而后与鸿燊公司法定代表人、辉丰公司法定代表人进行了会谈。然而，鸿燊公司、辉丰公司均否认保管有浪奇储存的货物。据此，浪奇在公告中声称公司在瑞丽仓、辉丰仓的 5.72 亿元存货或涉及风险，公司需要根据相关证据对前述仓库 5.72 亿元存货补提甚至全额计提存货跌价准备。浪奇存货丢失的离奇程度丝毫不亚于獐子岛“扇贝出游”事件，被网友戏称为“洗衣粉跑路”。

深圳证券交易所第一时间向浪奇下发了关注函，要求浪奇核实并说明近年来公司大量开展化工品贸易业务，公司应收账款、预付账款及存货金额较大的原因。浪奇 2017 年年度报告审计机构立信会计师事务所以及 2018 年年度、2019 年年度报告审计机构中审众环会计师事务所纷纷出具了相应的专项核查报告。2021 年 12 月，浪奇公司的存货谜团终于解开。广东证监局证实了浪奇虚增存货的违法事实，并对浪奇做出了行政处罚决定。

附件一　广州市浪奇实业股份有限公司关于部分库存货物可能涉及风险的提示性公告

附件二　关于对广州市浪奇实业股份有限公司的关注函

附件三　广州市浪奇实业股份有限公司关于对深圳证券交易所关注函的回复公告（节选）

附件四　中国证券监督管理委员会广东监管局行政处罚决定书

二、被审计单位的基本情况及主要的会计问题

1. 被审计单位的基本情况

（1）被审计单位简介。

广州市浪奇实业股份有限公司，始建于 1959 年，前身是广州油脂化工厂，总部位于广州市，是华南地区早期日化产品定点生产企业。公司注册资金超 6 亿元，2017 年销售收入过百亿，是由广州市国资委授权广州轻工工贸集团有限公司控股管理的国有上市股份有限公司。

浪奇秉承“创造生活无限美”的愿景，致力于品牌资产管理、优质产品制造、现代服务业三大业务板块的运营，公司已建立了以“浪奇”为总品牌，由“高富力”“天丽”“万丽”“维可倚”“肤安”“洁能净”“HIBBO”等系列品牌组成的知名品牌体系，主要产品有洗衣粉、液体洗涤剂、皂类和日化洗涤材料等。

（2）存货管理情况。

①存货期末盘点。

浪奇每年年终定期实施存货盘点。年终盘点主要采取静态盘点（即停产）的方式进行全面盘点。所有存货按规定的摆放位置被整理归位，张贴清晰标识。在盘点过程中，对于自有仓库及部分贸易仓库，由仓库人员或车间管理人员对材料、半成品、成品等在库存货的数量进行点数、称重，财务人员负责监盘、抽盘；对于部分不允许进入物料存放区的化工材料贸易仓，公司通过读取液位读数、核对仓储公司系统、查询时点库存等

方式进行确认；对于难以通过上述方式盘点的仓库，盘点人员主要以取得对方仓储公司盖章确认的方式对存货进行核实。盘点结束后，各盘点小组将盘点结果录入盘点表，交由财务汇总并与账面核对，如盘点存在差异，盘点小组核实原因后，需就盘点差异说明原因，编制差异分析明细表。盘点报告和差异分析明细表提交仓储部负责人、生产负责人、财务负责人审核并提出处理建议、进行整改。公司2017、2018、2019年年度盘点过程中，盘点人员未发现账实存在重大差异，或存货存在明显异常的情况。

②第三方仓储业务的内部控制制度。

浪奇于2016年7月1日修订发布《存货管理制度》，对存货管理、存货盘点管理、库存产品盘点差异管理等作出了规定。由商务拓展部负责货物采购和销售工作以及仓储活动的执行和管理仓库供应商。2020年3月公司发布了《贸易仓库管理制度》，以加强贸易仓库管理。将贸易第三方仓库管理职能从公司商务拓展部划分出来，公司供应链管理部负责执行仓储活动和管理仓库供应商；商务拓展部负责货物采购和销售工作；审计内控部负责对仓库供应商进行风险评估及安全监管。

③存货台账管理及对账情况。

2019年8月前，由商务拓展部贸易业务人员跟进贸易库存台账管理工作；2019年9月起，由商务拓展部贸易业务人员协助联系第三方贸易仓库提供盘点表给供应链管理部进行账实核对；2020年4月起，由供应链管理部根据商务拓展部贸易业务人员提供的第三方贸易仓库联系方式，向仓库方索取每月盘点确认表。

2. 主要的会计问题

（1）虚增营业收入、营业成本及利润。

2018年1月1日至2019年12月31日，浪奇通过虚构大宗商品贸易业务、循环交易乙二醇仓单等方式，虚增营业收入、营业成本和利润。

（2）虚增存货。

2018年1月1日至2019年12月31日，为美化报表，浪奇将部分虚增的预付账款调整为虚增的存货。通过上述方式，2018年虚增存货金额为9.56亿元，占当期披露存货金额的75.84%。2019年虚增存货金额为10.82亿元，占当期披露存货金额的78.58%。

（3）未按规定披露关联方资金往来及相关的关联交易情况。

浪奇未披露与广州钿融及其子公司的关联方资金往来及相关的关联交易情况，以及与江苏琦衡的资金往来情况。浪奇以支付采购货款的名义，经过多层中间公司掩护过渡，将资金给广州钿融及其子公司、江苏琦衡使用。

三、思考与讨论

1. 浪奇存货管理存在哪些内部控制缺陷？
2. 举例说明注册会计师可以实施何种审计程序了解与测试存货的内部控制。
3. 由第三方保管或控制存货，注册会计师可以实施哪些审计程序应对？

第 8 章

销售与收款循环审计：九好集团审计案例

一、案例背景

2017 年中国证监会组织专门执法力量迅速查办了浙江九好办公服务集团有限公司（现更名为九好网络科技集团有限公司，以下简称“九好集团”）“忽悠式”重组案。九好集团通过虚增收入、虚构银行存款金额等种种恶劣手段，将自己包装成价值 37.1 亿元的优良资产，与鞍山重型矿山机器股份有限公司（以下简称“鞍重股份”）联手进行“忽悠式”重组，以期达到重组上市的目的。

由于九好集团等在重组上市过程中的信息披露违法行为涉案金额巨大、手段极其恶劣，违法情节特别严重，中国证监会对九好集团、鞍重股份及主要责任人员在《证券法》规定的范围内顶格处罚，对本案违法主体罚款合计 439 万元；同时对九好集团造假行为主要责任人员郭某军、宋某生、陈某文等人采取终身市场禁入以及 5～10 年不等的市场禁入（〔2017〕10 号、〔2017〕35 号）。2017 年 9 月 20 日，九好集团年报审计机构利安达会计师事务所（以下简称“利安达所”）收到了证监会的行政处罚决定书（〔2017〕85 号），证监会对利安达以及年报签字会计师做出了顶格处罚，没收利安达所业务收入 150 万元，并处以 750 万元罚款，对签字注册会计师蒋某霞、李某给予警告，并分别处以 10 万元罚款。

附件一　中国证监会市场禁入决定书（郭某军、宋某生、陈某文）

附件二　中国证监会行政处罚决定书（鞍山重型矿山机器股份有限公司、杨某柱、张某田等16名责任人员）

附件三　中国证监会行政处罚决定书（利安达会计师事务所、蒋某霞、李某）

二、被审计单位的基本情况及主要的会计问题

1. 被审计单位的基本情况

九好集团于2010年3月由杜某芳投资成立，是一家从事后勤托管服务的集团化企业，公司股权结构如图6-1所示。公司首创后勤托管平台服务模式，倾力打造极具公信力的采购与销售平台。依据多年的后勤托管经验，以及“九好店商”线上平台，九好集团在行业内率先实现了“后勤＋互联网”的改革，实现与客户、供应商之间的多方共赢。

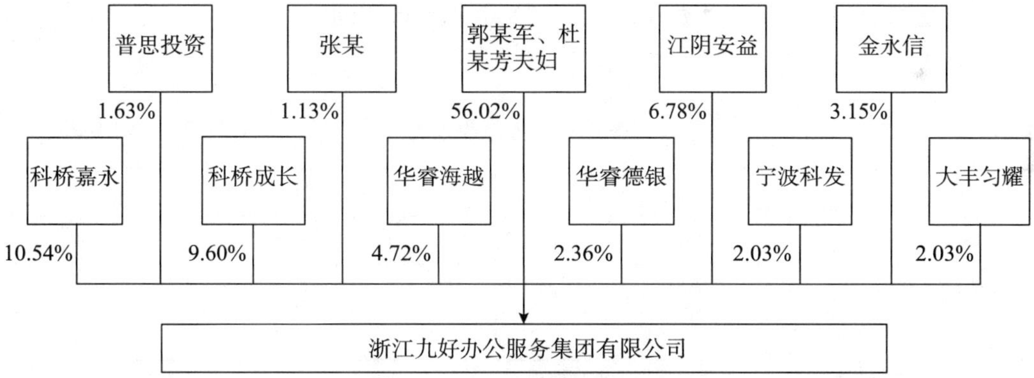

图8-1　九好集团的股权结构图

九好集团始终坚持“后勤行天下，无处不九好”的战略愿景，以“重质量，轻流量”为指导方针，坚守“公信力是平台企业生命力和灵魂”的核心理念，通过专业化资源整合，为成千上万的客户量身定制后勤综合解决方案。如今，九好集团已经在北京、上海、华东、华南、华北、华中、东北、西南、西北九大地区完成了全国战略布局，除杭州母公司以外还设立了21家后勤服务子公司及为后勤服务提供金融支持的商业保理公司、金融服务公司。

2. 主要的会计问题

2013年至2015年，九好集团通过各种手段虚增服务费收入2.65亿元，虚增2015年销售收入57.5万元；虚构银行存款3亿元，未披露3亿元借款以及银行存款质押。九好集团将上述情况列入财务报表，向鞍重股份提供并于2016年4月23日披露了含有虚假内容的《浙江九好办公服务集团有限公司审计报告（2013年至2015年）》。

九好集团的财务造假行为导致了九好集团、鞍重股份所披露的信息虚假记载、重大遗漏；导致郭某军、杜某芳及其一致行动人九贵投资、九卓投资公开披露的《鞍山重型矿山机器股份有限公司收购报告书摘要》虚假记载、重大遗漏。2016年6月28日鞍重股份向中国证监会申请撤回与九好集团的重大资产重组申请文件并发布公告。以下是对九好集团造假事实的具体分析。

（1）数据分析。

2013年至2015年，九好集团通过各种手段虚增服务费收入2.65亿元，虚增贸易收入57.5万元。其中2013年虚增服务费收入1.73亿元，2014年虚增服务费收入0.88亿元，2015年虚增服务费收入1.60亿元，虚增服务费收入占其审计报告中公开披露服务费收入金额的37.36%（见表8-1）。2015年九好集团通过确认不符合收入确认条件的销售收入，虚增销售收入57.5万元。

表8-1　虚增收入表　　单位：万元

项目	2013年	2014年	2015年	合计数
服务费收入（虚增数）	1 726.91	8 755.66	16 007.19	26 489.76
服务费收入（披露数）	11 062.98	22 195.25	37 642.25	70 900.48
虚增收入占比	15.61%	39.45%	42.52%	37.36%

数据来源：根据行政处罚决定书及审计报告整理而得。

2015年1月，九好集团在账面虚构1.7亿元其他应收款收回，虚构银行存款转入0.48亿元，同时转出1亿元资金不入账，账面形成虚假资金3亿元。九好集团为掩饰虚构的3亿元银行存款以及借款3亿元并进行银行存单质押，其借款和质押行为均未对外披露。虚构货币资金占披露货币资金金额的56.47%。

（2）造假手段。

九好集团主要从事后勤服务中介平台业务，为后勤业务供应商和客户提供服务，并向供应商收取一定比例的服务费。2013年至2015年与其合作的供应商数量分别为935家、1 176家和1 319家，客户则上万。如此规模的供应商和客户数量，给其造假销售收入提供了极大的便利。

①虚设客户、虚构业务、虚签合同。

证监会调查数据显示，九好集团提供的 2015 年的共计 1 300 多家供应商的联系方式中，错号、空号 263 家，查无此号或长期无人接听的 210 家，查实涉及虚假交易的供应商达 200 多家。九好集团正是通过与供应商串通，虚设客户、虚构业务、虚签合同以实现虚增收入、粉饰报表的不法目的。例如，通过虚设供应商的客户或虚增与供应商有业务往来但其业务往来与九好集团无关的客户作为后勤平台的客户，虚构交易以此进行业绩造假，虚增销售收入；通过与无真实业务往来或有资金往来却无真实业务背景的供应商或个人签订虚假的业务合同来确认服务费收入；通过帮助供应商套取资金并充当掮客，采用不在经营范围内的灰色业务模式并签订虚假的业务合同等。

②确认并不符合收入确认要求和条件的销售收入。

2015 年融康信息向九好集团采购的货物并未收货，支付的货款已退回。九好集团在财务处理上仍然确认融康信息 57.5 万元的销售收入及应收账款收回，如此，九好集团通过确认不符合收入确认条件的销售收入，虚增了 2015 年贸易收入 57.5 万元。

③伪造资金流。

为掩盖造假事实，九好集团通过多次资金的自循环，完成虚构交易中的假账计入。以帮助供应商套取资金并充当掮客的虚假交易为例，九好集团收到供应商支付的服务费款项，均通过其控制使用的个人银行账户循环退回至供应商法定代表人或其指定银行账户。九好集团通过供应商、客户数量庞大的便利，肆意伪造资金流，一笔资金最初从九好集团的账户划转至外部平台公司账户后，再经过多个账户，又返回至九好集团，形成了隐蔽的资金闭环。

④隐匿借款、虚构存款。

九好集团从 2015 年 3 月开始通过外部借款购买理财产品或定期存单，于借款当日或次日通过将理财产品或定期存单为借款方关联公司质押担保，并通过承兑汇票贴现的方式将资金归还借款方，从而在账面形成并持续维持 3 亿元银行存款的假象。2015 年 3 月 24 日、25 日，九好集团通过好融实业、杭州煜升科技有限公司（以下简称“煜升科技”）及郭某军向杭州赛诺索斯进出口贸易有限公司（以下简称“赛诺索斯”）两次借款 1.5 亿元（合计 3 亿元），再由好融实业、煜升科技及郭某军账户转入九好集团上海银行账户，然后用此资金两次购买期限为 182 天的上海银行“赢家公司客户人民币封闭式理财产品”1.5 亿元（合计 3 亿元）。2015 年 3 月 25 日，九好集团以其 3 亿元理财产品为赛诺索斯提供担保，赛诺索斯开具银行承兑汇票 3 亿元（两张承兑汇票，每张金额 1.5 亿元）并随即贴现，贴现款直接归还赛诺索斯。贴票利息 125.39 万元，由杜某芳代替九好集团向赛诺索斯支付。2015 年 9 月，上述 3 亿元银行理财产品到期后，上海银行将理财产品资金解付直接归还银行存兑汇票。2015年9月22日，九好集团又在杭州鑫合汇互联网金融服务有限公司（以下简称“鑫合汇”）的安排下，向宁波盈祥投资管理合伙企业（有限合伙）（以下简称“宁波盈祥”）借款1.5亿元转入九好集团兴业银行账户。当日，九好集团把1.5亿元活期存款转化为半年期定期存单，并以该存单为质押物与兴业银行杭州分行签订质押合同，为杭州煊隼贸易有限公司当日开具的1.5亿元银行承兑汇票提供担保，兴业银行当日将该存单入库保管。当日，该票据贴现后资金还回宁波盈祥。在上述操作过程中，九好集团通过杜某芳账户向鑫合汇下属中新力合股份有限公司支付“现金流服务费”18万元，向宁波盈祥支付“利息、融资服务费”12万元。2015年9月23日，九好集团再次重复上述过程，在兴业银行形成1.5亿元定期存款（期限为2015年9月23日至2016年3月22日），并继续以存单质押、票据贴现的方式将借款于当日还回宁波盈祥。2016年3月，九好集团3亿元银行存单到期后，资金被兴业银行直接解付归还银行承兑汇票。九好集团随即再次采用上述操作方式以形成3亿元银行存款（见图8－2）。可见九好集团是以3亿借款虚构3亿元银行存款而且并未在报表附注中披露3亿元定期存单质押事项。

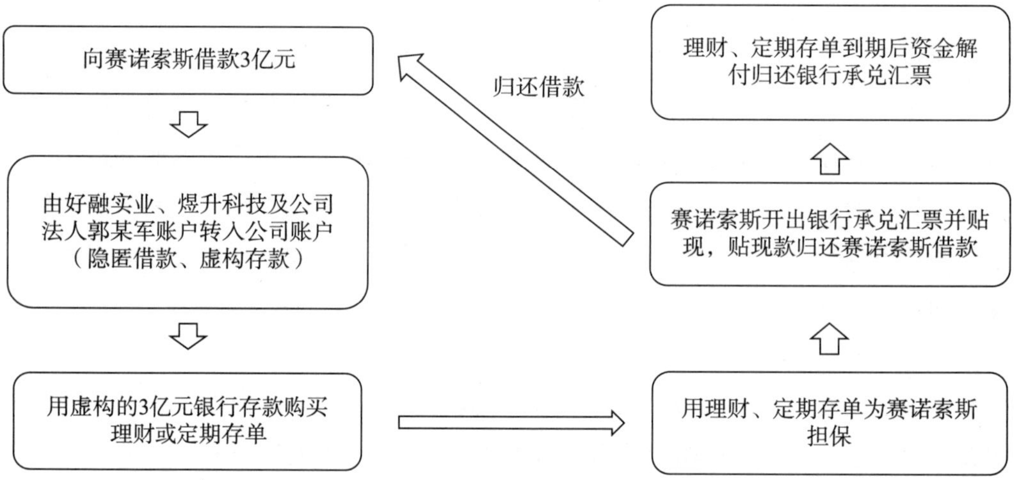

图8－2　虚构货币资金流程图

三、审计机构的基本情况及主要的审计问题

1. 审计主体的基本情况

利安达会计师事务所（特殊普通合伙）（以下简称“利安达”）于1993年11月18日由

对外贸易经济合作部发起设立。利安达具有证券期货相关从业资格，现已完成从事证券服务业务备案，同时具有中国银行间市场交易商协会会员资格、质量管理体系认证证书。2009年4月29日，利安达以“造船出海”模式发起设立了具有中国本土品牌特色、从事跨境财税专业服务的国际会计公司——利安达国际（Reanda International），走出了一条独特的中国会计服务自主品牌国际化之路，成为中国注册会计师行业“走出去”国际化的先驱。2022年1月1日，利安达国际成为由国际会计师联合会（IFAC）发起的会计师事务所论坛（FoF）的正式会员。利安达经过29年的长足发展，先后在北京、上海、广州等主要城市设有分支机构。2021年，利安达业务收入达4.12亿元，在《2021年度业务收入前100家会计师事务所》中排名第24位。

2. 主要的审计问题

（1）对银行存款审计程序不到位。

利安达对九好集团在兴业银行杭州分行3亿元定期存款的审计中，实施了函证程序，截至2016年4月21日审计报告出具日未收到回函。在浙江证监局提示过关注3亿元定期存单的情况下，利安达未执行有效审计程序，审计结论仍为“未见异常情况”，未能发现虚增3亿元银行存款及3亿元定期存单质押的事实。2016年6月2日收到银行回函，6月7日才对兴业银行杭州分行进行访谈，已晚于审计报告出具日。

（2）函证程序不到位。

①未按拟定的选样标准进行发函。

利安达审计项目组对应收账款函证发函的选取标准定为10万元以上全部发函，10万元以下随机抽取。但在实施函证程序的过程中，审计人员未严格执行拟定的发函标准，对部分10万元以上的供应商未进行函证。利安达拟定的涉及九好集团总部的发函清单共有供应商228家，但从审计工作底稿收集的发函快递单统计，实际发函为54家。宁波九好办公服务有限公司（以下简称“宁波九好”）的发函清单计划向200家供应商发函，但发函快递单统计实际发函为97家。

②未保持对函证的有效控制。

利安达实施函证程序时，在九好集团总部安排九好集团工作人员与审计项目组成员一起填写询证函快递单并寄出，而九好集团各子公司的询证函则由审计人员制好询证函，由九好集团下属子公司在各地自行寄出。审计人员要求九好集团将发函的快递底联全部寄回杭州并由九好集团转交利安达，或由九好集团子公司直接寄回利安达北京总部。此外，还存在九好集团工作人员直接回函的情况。从回函情况看，大量回函的快递单存在连号或号码接近、发函与回函快递单号接近的情形。

③未充分关注函证回函的疑点。

在收回询证函回函过程中，利安达未充分关注函证回函的疑点，如询证函回函供应商确认盖章不符、数家供应商回函均留有同样的邮寄信息、不同供应商回函由同一快递员收件、询证函发函与回函地址不是同一个城市等。

（3）对收入的审计程序不到位。

利安达在审计时，对九好集团提供的与营业收入相关的合同、用印及收入证据不足等疑点，未予以充分关注。例如：部分供应商与客户签订合同的日期或合同履约日期不在九好集团与供应商托管合同期限内，合同条款自相矛盾或用印错误、同一控制下的两家企业间的异常业务被九好集团确认为收入，九好集团据以确认收入的供应商收入确认函、供应商与客户的合同等资料部分缺失等。利安达在未取得充分的供应商与客户实际交易情况确认资料，缺少客户销货合同、发票、发货单、收款凭证等证明供应商收入的相关证据，且取得的部分证据存在明显异常的情况下，未发现九好集团确认收入的真实性存在问题。

（4）对供应商和客户的现场走访工作存在瑕疵和矛盾。

利安达在九好集团总部审计工作底稿内收录了对69家供应商的现场走访记录，大部分由西南证券或中联资产评估公司人员走访签字，审计项目组人员很少签字，经核对底稿中访谈现场照片，确定利安达对九好集团总部的供应商走访11家。

利安达审计工作底稿收录的部分供应商存在两份不同的访谈记录，其中宁波高新区天威诚信数字证书技术服务有限公司张某艳、宁波江东仁创广告传媒有限公司任某、宁波茂英园林工程有限公司夏某芳分别在同一时间不同地点接受访谈，违背常理。在接受调查过程中，签字注册会计师表示未关注到该事项。

四、思考与讨论

1. 收入确认主要涉及哪些业务凭证？九好集团作为后勤托管服务平台企业，其收入确认主要涉及哪些业务凭证？

2. 九好集团通过虚设客户、虚构业务、虚签合同，确认不符合收入确认条件的销售收入，影响了哪些审计目标？审计人员可采取哪些具体的审计程序应对此类审计风险？

3. 九好集团在伪造销售业绩的同时也伪造了相应的现金流、相关的会计记录、文件，从审计程序角度来看，如何揭示此类销售业务的财务舞弊行为？

第9章

购货与付款循环审计：天丰节能审计案例

一、案例背景

2013 年 7 月 19 日，中国证监会新闻发言人表示，河南天丰节能板材科技股份有限公司（以下简称“天丰节能”）在报送 IPO 申请文件及财务自查报告中涉嫌虚假记载，被证监会立案调查；相关中介机构光大证券、利安达会计师事务所和北京竞天公诚律师事务所涉嫌未勤勉尽责，导致出具的相关文件存在虚假记载等违法违规行为，被证监会立案调查。

截止到 2014 年 2 月 12 日，相关调查工作已结束，根据当事人违法行为的事实、性质、情节与社会危害程度，依据《证券法》相关条例规定，中国证监会依法对天丰节能给予警告，并处以 60 万元罚款；对公司董事长李某禄、公司财务总监孙某玲给予警告，并分别处以 30 万元罚款；对董事王某立给予警告，并处以 10 万元罚款；对张某军等 15 人给予警告，并分别处以 5 万元罚款。在中介机构方面，对利安达会计师事务所（以下简称“利安达”）没收业务收入 60 万元，并处以 120 万元罚款；对天丰节能 IPO 审计报告签字注册会计师黄某、温某辉给予警告，并分别处以 10 万元罚款；对天丰节能 IPO 审计项目负责人汪某海给予警告，并处以 8 万元罚款。

附件一　中国证监会行政处罚决定书（河南天丰节能板材科技股份有限公司、李某禄、孙某玲等19名责任人员）

附件二　中国证监会行政处罚决定书（利安达会计师事务所、黄某、温某辉等4名责任人）

二、被审计单位的基本情况及主要的会计问题

1. 被审计单位的基本情况

河南天丰节能板材科技股份有限公司是一家专业从事绿色节能板材设计、研发、生产和销售的国家高新技术企业，成立于2007年，位于新乡高新技术产业开发区，注册资金8 660万元。董事长李某禄是天丰节能的实际控制人。

天丰节能打出高科技的旗帜，它的商业运营模式包括板材的科研、设计、营销、生产、施工及售后服务。这个模式的两头，分别是钢材贸易和施工外包。上游涉及天丰集团旗下的钢材贸易公司业务，下游则与钢结构公司业务交叉。天丰节能从天丰集团进货，产品一部分被天丰钢铁贸易公司销售出去，另一部分被用作天丰节能板材加工的原材料。经过加工，这些产品成为钢结构工程的一部分。从天丰集团运转流程上看，天丰节能公司只负责钢结构业务的一个环节。天丰节能以独立公司的名义上市，但其在运作过程中对兄弟公司有着严重依赖。

2. 主要的会计问题

天丰节能在2010年至2012年，通过虚增销售收入、虚增固定资产、虚列付款等多种手段虚增利润且存在关联交易披露不完整等行为，导致报送的IPO申报文件存在虚假记录。此外，天丰节能财务在独立性方面存在严重缺陷，导致《招股说明书》中相关内容存在虚假记载。

（1）虚增收入、虚增利润。

2010年至2012年，天丰节能通过虚构客户、虚构销售业务等手段虚增销售收入三年共计92 560 597.15元，其中2010年虚增11 302 460.63元，2011年虚增36 642 518.14元，2012年虚增44 615 618.38元，分别占当年账面销售收入的10.22%、17.54%、16.43%，如表9-1、图9-1所示。

表9-1　虚构销售业务详细情况表　　单位：元

虚构销售业务客户名称	虚构客户数量	虚增销售收入
安徽长彦水利工程有限公司等	74	58 232 201.59

续表

虚构销售业务客户名称	虚构客户数量	虚增销售收入
广东恒耀工程有限公司等	14	18 797 508.79
河南汇能建筑装饰工程有限公司等	7	8 361 386.46
湖北天福建筑安装工程有限公司等	2	2 327 418.09
李某斌等	6	4 842 082.22
合计	103	92 560 597.15

资料来源：根据行政处罚决定书整理而得。

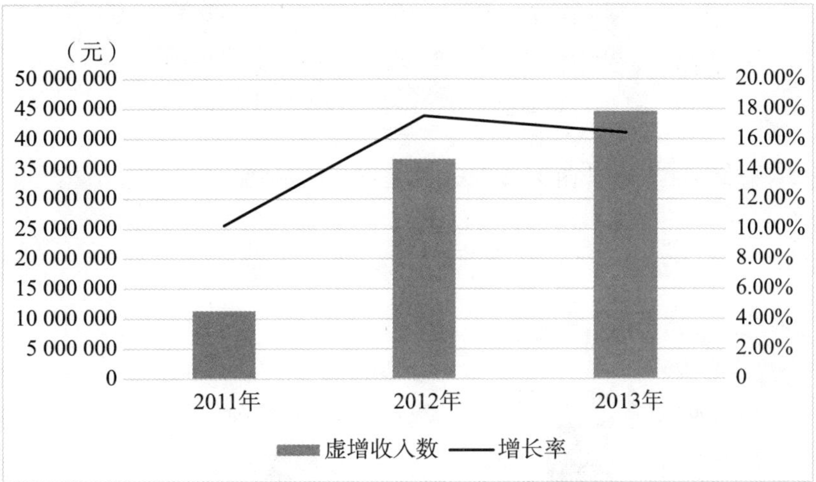

图 9-1　天丰节能虚增收入情况

通过虚增销售收入，2010 年至 2012 年，天丰节能累计虚增利润 34 390 224.35 元。其中 2010 年虚增利润 4 088 464.23 元，占当年利润总额的 14.11%；2011 年虚增利润 14 044 687.34 元，占当年利润总额的 23.46%；2012 年虚增利润 16 257 072.78 元，占当年利润总额的 22.94%，如图 9-2 所示。

（2）虚增固定资产。

天丰节能通过虚构部分采购交易进而虚增了在建工程及固定资产。其中，天丰节能通过虚构向后东机械公司和意大利 OMS 公司进口设备，虚增了固定资产和在建工程共计 25 812 879.11 元，2011 年、2012 年分别虚增固定资产 9 595 120.94 元、8 738 985.04 元，并于 2012 年通过这两个公司虚增了在建工程 7 478 773.13 元。此外，天丰节能将本应费用化的利息支出予以资本化，以实现虚增在建工程的不法目的，其中 2011 年、2012 年分别虚增 721 019.18 元、1 390 091.97 元，如图 9-3 所示。如此，天丰节能通过虚增固定资产和利息支出资本化，2010 年至 2011 年累计虚增固定资产和在建工程 10 316 140.12 元，占 2011 年末公司资产总额的 3.08%；2010 年至 2012 年共计虚增固定资产和在建工程 27 923 990.26 元，占公司 2012 年末资产总额的 5.83%。

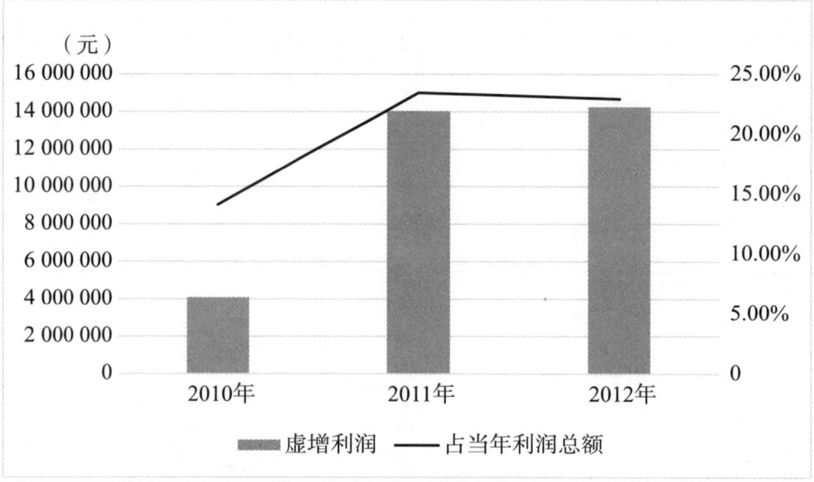

图9－2　天丰节能虚增利润情况

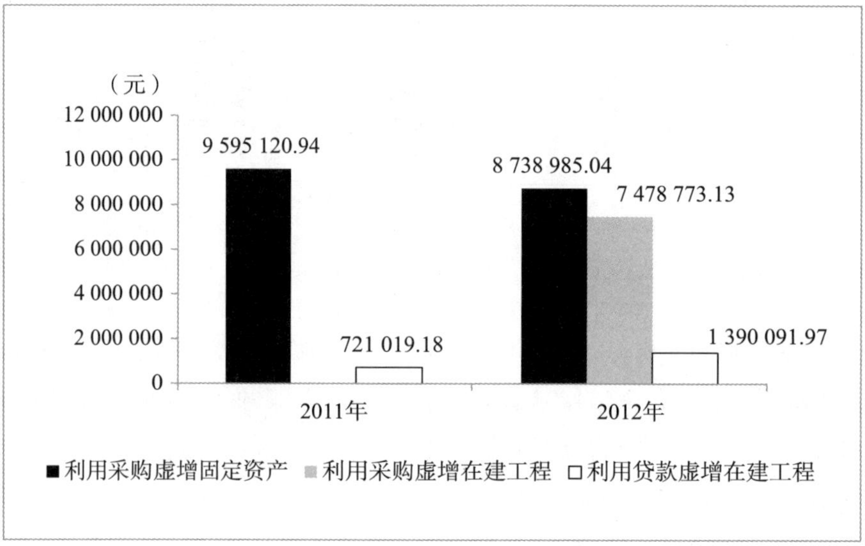

图9－3　天丰节能虚增资产情况图

（3）虚列应付账款。

天丰节能2010年至2012年虚列向开封市升龙化工物资贸易有限公司、上海昱业实业有限公司、新乡市天发节能建材有限公司等13家供应商付款共计29 441 438.62元。其中2011年虚列付款2 047 337.40元，2012年虚列付款27 394 101.22元。

（4）虚列货币资金。

天丰节能将母公司资产负债表中2011年年底的货币资金从35 499 487.33元虚增至65 499 487.33元，共计增加货币资金金额3 000万元。2011年年末，天丰节能的银行明细账与银行对账单存在大额差异，差额为3 000万元，该公司的存款账面余额为

30 380 019.96 元，而该年年末的对账单却显示该公司账户的余额为 380 019.96 元。为掩盖此虚增货币资金的行为，天丰节能分别伪造了建行及农信行的相关账户的对账单，此举严重违反会计信息质量要求中的可靠性和谨慎性。

（5）天丰节能财务独立性存在严重缺陷。

天丰节能财务独立性存在严重缺陷，致使《招股说明书》中相关内容存在虚假记载。其一，天丰节能的资金运营不独立。自 2010 年 6 月至 2012 年底，天丰节能的所有资金运转包括银行账户开立、资金收付、票据开立、借款都由天丰投资统一管理。其二，天丰节能高级管理人员任职不独立。天丰节能财务总监孙某玲实际履行天丰投资财务总监的职能，总体负责天丰投资的财务工作。

三、审计机构的基本情况及主要的审计问题

利安达及其注册会计师温某辉等在审计天丰节能 IPO 和执行首次公开发行股票公司审计业务专项核查工作时未勤勉尽责，2013 年 2 月 17 日出具的审计报告和 2013 年 3 月 28 日出具的《利安达会计师事务所有限责任公司关于河南天丰节能板材科技股份有限公司落实〈关于做好首次公开发行股票公司 2012 年度财务报告专项检查工作的通知〉的自查报告》存在虚假记载，主要审计问题如下：

1. 对函证审计程序不到位

（1）应收账款函证审计程序不到位。

IPO 审计时应收账款函证过程未保持控制，对明显异常回函没有关注，替代程序未得到有效执行，未能发现天丰节能虚构客户、虚增收入的行为。2010 年，利安达函证了 20 家应收账款客户，其中，天丰节能虚构了 1 家完全不存在的应收账款客户，有 10 家应收账款客户是天丰节能利用和自己有贸易往来的客户名进行了相关销售业务的虚构，在利安达 IPO 的审计底稿中保留了这 11 家客户的询证函回函。2012 年，利安达函证的 51 家应收账款客户中有 5 家为天丰节能完全虚构的客户，2 家存在虚假销售，在利安达 IPO 的审计底稿中保留了这 7 家应收账款客户的询证函回函。其虚构金额详细情况如表 9-2 所示。利安达的审计人员面对询证函回函没有进行二次判断，完全信任了所有回函，未对任何询证函回函提出质疑，也没有进行相应的询证函回函复核程序，

导致未能发现并及时揭露天丰节能虚构客户及销售收入的行为。

表9-2　利安达函证应收账款客户的虚假情况

年份	应收账款虚假客户数量	应收账款中存在虚假销售的客户	虚增销售收入（单位：万元）	虚增利润（单位：万元）	占当期利润总额比例
2010	1	10	1 079.61	390.49	13.47%
2012	5	2	495.64	165.15	2.33%

资料来源：根据行政处罚决定书整理而得。

（2）银行存款函证审计程序不到位。

利安达在IPO审计时银行账户函证程序缺失或未有效执行，银行账户函证范围存在遗漏，函证未保持控制，对未回函的银行账户和异常的询证函回函未予追查，对获取的明显异常的银行对账单未予关注，也未采取进一步审计程序，未能发现天丰节能在建设银行新乡牧野支行开立的账户2011年末实际余额比账面余额少3 000万元的事实，以及天丰节能伪造银行询证函回函、伪造银行对账单的事实。

2. 对固定资产的审计程序未能有效执行

会计准则对专门借款的性质和用途作出了明确规定，只有专门用于“购建”或“生产”用途的借款利息才符合资本化条件。天丰节能将从国家开发银行河南省分行获取的5 200万元贷款中的2 011万元用于归还公司贷款和利息，未用于购建相关资产，并将不应资本化的借款利息予以资本化，导致固定资产虚增。而利安达未能有效执行固定资产的审计程序，检查固定资产新增发生额时，未关注原始凭证异常情况，盘点时未关注大额进口设备及构件，未核对设备编号，检查付款凭证时没有关注合同异常，违反《审计准则第1301号——审计证据》的相关规定，未能发现天丰节能虚增固定资产2 581.3万元。

四、思考与讨论

1. 天丰节能年报中固定资产及在建工程项目存在哪些重大错报风险？审计人员可以实施哪些审计程序应对此类风险？

2. 天丰节能利用虚列应付账款等手段来粉饰报表，审计人员可以实施哪些审计程序应对此类风险？

第10章

生产与薪酬循环审计：獐子岛存货舞弊案例

一、案例背景

2014年10月14日，獐子岛集团股份有限公司（以下简称“獐子岛”）停牌，称正在核查与底播增殖海域相关的重大事项。10月31日，公司发布《关于部分海域底播虾夷扇贝存货核销及计提存货跌价准备的公告》，称受北黄海冷水团异常变化的影响，部分海域底播虾夷扇贝发生重大损失，决定对大额存货进行核销处理及计提大额存货跌价准备，合计影响净利润7.63亿元。该信息披露后，市场出现大量质疑声音，业界戏称为“扇贝逃跑”事件。

2018年2月5日，獐子岛发布了《关于底播虾夷扇贝2017年终盘点情况的公告》，公告称经海洋牧场研究中心初步判断：降水减少导致扇贝的饵料生物数量下降，养殖规模的大幅扩张更加剧了饵料短缺，再加上海水温度的异常，造成高温期后的扇贝越来越瘦，品质越来越差，长时间处于饥饿状态的扇贝没有得到恢复，最后诱发死亡。公司拟对大额存货进行核销处理及计提大额存货跌价准备，合计影响净利润6.28亿元。2018年4月28日，獐子岛再次发布《关于核销资产及计提存货跌价准备的公告》，称底播虾夷扇贝受灾，部分养殖海域虾夷扇贝死亡严重，亩产过低，部分养殖海域亩产下降，决定对大额存货进行核销处理及计提大额存货跌价准备，合计影响净利润6.28亿元。业界戏称“扇贝饿死了”。

2019年11月12日，獐子岛发布了《关于2019年秋季底播虾夷扇贝存量抽测的风险提示公告》，公告称基于抽测现场采捕上来的扇贝情况，底播扇贝在近期出现大比例死亡，其中部分海域死亡贝壳比例占80%以上。根据公司2019年11月8日—9日已抽测点位的亩产数据汇总，公司初步判断已构成重大底播虾夷扇贝存货减值风险。因本次抽测工作未完成，且部分海域虾夷扇贝死亡情况可能还将持续，暂时无法判断此次底播虾夷扇贝死亡应计提存货跌价准备及核销的具体金额。

2020年2月獐子岛发布了《关于2019年度计提资产减值准备及核销部分资产的公告》，公告称公司于2019年秋季在底播虾夷扇贝存量抽测中发现底播虾夷扇贝出现大规模死亡，公司对2017年、2018年投苗的底播虾夷扇贝存货成本230 525 013.90元进行核销处理，对2017年、2018年投苗的底播虾夷扇贝存货计提跌价准备60 554 409.60元，合计影响净利润2.91亿元。“扇贝去哪儿了”的故事仍在上演。

“扇贝去哪儿了”连续上演六年后，证监会启用北斗导航系统，利用信息技术手段，终于在2020年6月认定了獐子岛财务造假的事实。

附件　中国证监会行政处罚决定书（獐子岛集团股份有限公司、吴某刚等16名责任人员）

二、被审计单位的基本情况及主要的会计问题

1. 被审计单位的基本情况

獐子岛集团股份有限公司始创于1958年，历经几十年的发展，现已成为以海洋水产业为主体，集海珍品育苗、增养殖、加工、物流、贸易、冻鲜品冷藏物流、渔业装备于一体的大型综合性海洋食品企业。公司注册资本7.1亿元，员工近3 000人，旗下设立分公司和控股、参股中外合资公司30余家。2006年9月在深圳证券交易所中小板上市，上市之后，公司受到了股票市场的追捧，成为我国农业企业中首个百元股。

2. 主要的会计问题

（1）报表数据存在虚假记载。

①2016年年报虚减营业成本、营业外支出。

2016年，獐子岛每月结转底播虾夷扇贝成本时，以当月虾夷扇贝捕捞区域（采捕

坐标）作为结转成本的依据，捕捞区域系由人工填报且缺乏船只航海日志予以佐证。以虾夷扇贝捕捞船只的北斗导航定位信息为基础，经第三方专业机构测算，獐子岛公司 2016 年度账面结转捕捞面积较实际捕捞面积少 13.93 万亩，由此，公司 2016 年度虚减营业成本 6 002.99 万元。

经比对獐子岛 2016 年初、2017 年初底播虾夷扇贝库存图和捕捞船只导航定位信息发现，部分 2016 年初库存区域未显示捕捞航行轨迹，而 2016 年底獐子岛在这部分区域进行了底播，根据会计核算一贯性原则，上述区域既往库存资产应作核销处理，由此，獐子岛 2016 年度虚减了营业外支出 7 111.78 万元。

受虚减营业成本和营业外支出的影响，獐子岛 2016 年度虚增利润 13 114.77 万元，虚增利润占当期利润总额的 158.11%。

②2017 年年报虚增营业成本、营业外支出、资产减值损失。

经比对底播虾夷扇贝捕捞船只的北斗导航定位信息，獐子岛 2017 年度结转成本时所记载的捕捞区域与捕捞船只实际作业区域同样存在明显出入，经第三方专业机构测算，獐子岛 2017 年度账面结转捕捞面积较实际捕捞面积多 5.79 万亩，由此，公司 2017 年度虚增营业成本 6 159.03 万元。

根据獐子岛 2018 年 2 月 5 日发布的《关于底播虾夷扇贝 2017 年终盘点情况的公告》（以下简称《年终盘点公告》）和 2018 年 4 月 28 日发布的《关于核销资产及计提存货跌价准备的公告》（以下简称《核销公告》），核销区域与捕捞船只实际作业区域存在重合，经第三方专业机构测算，核销海域中 2014 年、2015 年和 2016 年底播的虾夷扇贝分别有 20.85 万亩、19.76 万亩和 3.61 万亩已在以往年度采捕，由此，獐子岛虚增营业外支出 24 782.81 万元。扣减 2017 年公司已底播未采捕区域而虚减的营业外支出 4 187.27 万元，2017 年度獐子岛虚增营业外支出 20 595.54 万元。

根据獐子岛《年终盘点公告》和《核销公告》，减值区域与捕捞船只实际作业区域存在重合，经第三方专业机构测算，减值海域中 2015 年和 2016 年底播的虾夷扇贝分别有 6.38 万亩、0.13 万亩已在以往年度采捕，由此，獐子岛虚增资产减值损失 1 110.52 万元。

受虚增营业成本、虚增营业外支出和虚增资产减值损失影响，獐子岛 2017 年年度报告虚减利润 27 865.09 万元，占当期披露利润总额的 38.57%。

（2）内部控制存在重大缺陷。

①营业成本的结转缺乏充分凭证与记录。

獐子岛称在进行底播扇贝成本结转时，并非按实际采捕区域、采捕面积结转成本，而是根据月度的底播扇贝的实际采捕量和生产过程中抽测的平均亩产确定月度采捕面积，同时结合采捕计划确定的采捕区域填写采捕记录表送交财务部门，财务部门根据上述计算出来的采捕面积结转成本。实际工作中，獐子岛负责采捕工作的赵某将签字的采捕记录表上报给于某家，再由于某家提供给财务人员进行成本结转，具体区域无逐日采捕区域记录可以核验。负责采捕工作的赵某称“签字的采捕记录和增殖分公司实际采捕的区域有时会有差异”。獐子岛每月成本结转的记账凭证后会附有各月结转的依据，即负责实施采捕作业的于某家、赵某上报的《底播贝采捕记录表》详细记录了当月各贝龄“作业区域坐标”、对应的“采捕亩数”及“产量”。獐子岛未记录每日采捕区域，未提供相关采捕船只的航海日志、逐日出海捕捞区域或位置等记录，成本结转执行过程无监督无核验的情况导致公司成本结转失真，利润失真。

②存货的核销及存货跌价准备的计提不符合规定。

公司盘点未如实反映客观情况，将以前年度已采捕海域列入核销海域或减值海域。2016年、2017年均有大面积核销海域和减值海域在以往年度实施了采捕，特别是核销海域，有高达42%的核销金额是以往年度采捕造成的。

③消耗性生物资产监测预警制度存在重大缺陷。

獐子岛未能及时预判底播虾夷扇贝存货可能发生重大异常，在消耗性生物资产管控中的监测预警制度存在重大缺陷。有效的内部控制能够为企业及时防止或发现财务报表中的重大错报提供合理保证，而上述重大缺陷使獐子岛内部控制失去这一功能。

三、思考与讨论

1. 请举例说明哪些存货的监盘工作中注册会计师需要利用专家的工作。

2. 针对营业成本结转可能不准确这一重大错报风险，注册会计师可以实施哪些审计程序应对？

3. 结合獐子岛审计案例，试论述注册会计师可以从哪些方面防范消耗性生物资产减值审计的风险。

第11章

投资与筹资循环审计：烯碳新材财务舞弊案例

一、案例背景

银基烯碳新材料股份有限公司（以下简称“烯碳新材”）于2016年10月13日和2017年5月12日分别收到中国证监会的《调查通知书》（沈稽查局调查通字［2016］48号、沈稽查局调查通字［2017］001号）。烯碳新材2015年年度财务报告被北京中证天通会计师事务所出具了无法表示意见的审计报告，2016年年度财务报告一度难产，2017年6月15日，2016年年度财务报告被2016年年报审计机构中兴华会计师事务所出具了保留意见的审计报告。

历时14个月，烯碳新材2016年被立案调查的事项终于尘埃落定。2017年12月证监会对烯碳新材信息披露违法违规作出行政处罚，处罚涉及14名高管，其中时任总裁范某明、董事长王某明及时任财务总监熊某辉均被采取证券市场禁入。2018年7月18日，公司发布公告称公司已被深圳证券交易所决定终止上市，并在2018年7月18日被摘牌。

附件一　中国证监会行政处罚决定书（银基烯碳新材料股份有限公司、范某明、熊某辉等15名责任人员）

附件二　银基烯碳新材料股份有限公司2015年度审计报告

附件三　银基烯碳新材料股份有限公司2016年度审计报告

二、被审计单位的基本情况及主要的会计问题

1. 被审计单位的基本情况

烯碳新材原名为沈阳物资开发股份有限公司，成立于1989年12月，是在沈阳市物资回收总公司的基础上改制组建的股份制企业。公司股票于1993年5月18日在深交所挂牌上市流通，为东北地区第一家深交所上市公司。2000年公司战略转型土地整理房地产，2013年再次战略转型烯碳新材料，主营石墨类产品、石墨烯及纳米碳、碳素类产品、耐火材料、活性炭类产品、烯碳新材料、稀土碳基复合材料、矿产品、金属和非金属材料销售，烯碳新材料技术开发和技术转让，城市基础设施投资等，并以国家新材料战略为指导，构建了以碳产品、碳产业投资基金、碳新材料为产业构成的产业布局，致力于打造新的碳材板块。公司产业布局如图11－1所示。

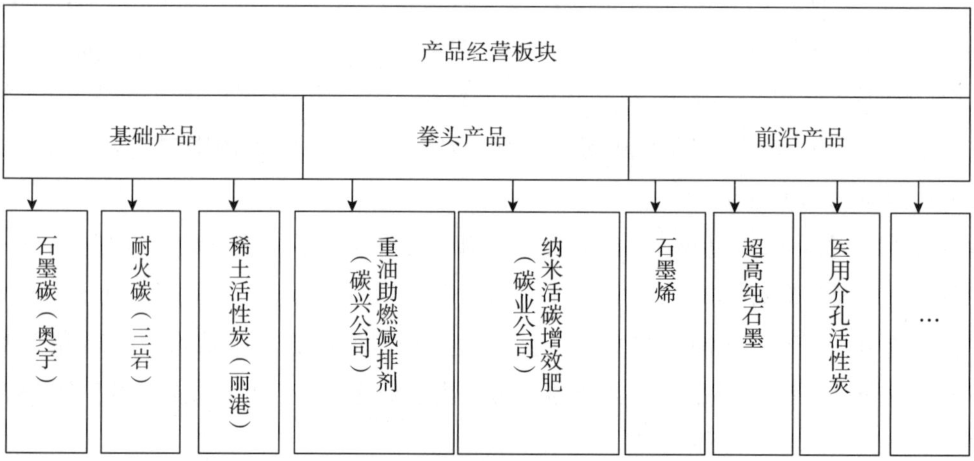

图11－1　烯碳新材公司产业布局图

2. 主要的会计问题

（1）融资费用挂账“其他应收款”，未计入当期损益。

2015年烯碳新材通过由其子公司沈阳银基置业有限公司（以下简称“银基置业”）支付融资费用，挂账“其他应收款”，“其他应付款”账户隐藏融资费用，虚增资产，少

计负债，虚增利润（见表 11－1、表 11－2）。具体情形如下：2015 年 5 月，烯碳新材向本溪市溪湖区百信贸易商行公司（以下简称“本溪百信”）借入偿还华夏银行贷款和利息的过桥资金 1.6 亿元，由其子公司银基置业代其向本溪百信支付利息共计 60 万元，并列报在“其他应收款”科目，未计当期损益。2015 年 11 月，烯碳新材向华融渝富股权投资基金管理有限公司（以下简称“华融渝富”）借入 3.5 亿元信托贷款用于归还到期债务，由其子公司沈阳银基置业有限公司代其向华融渝富支付融资服务费 1 227.5 万元。2015 年 12 月，烯碳新材向华融渝富支付融资服务费 218.56 万元，融资费用共计 1 446.06 万元，一并列报在“其他应收款”科目，未计当期损益。

表 11－1　未计入当期损益的融资费用明细表　　单位：万元

债权人	贷款金额	融资费用
本溪市溪湖区百信贸易商行公司	16 000	60
华融渝富股权投资基金管理有限公司	35 000	1 446.06
沈阳市和平区融信小额贷款有限责任公司	8 000	50
成都明迪飞商贸有限公司	10 000	172.5
合计	69 000	1 728.56

资料来源：根据行政处罚决定书及市场禁入事先告知书整理而得。

表 11－2　2015 年烯碳新材合并报表按欠款方列示的期末余额前五名其他应收款情况

债务人名称	款项性质	期末余额（元）	账龄	占其他应收款总额的比例（%）
某合伙企业	往来款	135 000 000	1 年以内	20.02
某合伙企业	往来款	130 000 000	1 年以内	19.28
某租赁公司	往来款	120 000 000	1 年以内	17.80
沈阳丰汇科贸有限公司	往来款	41 276 000	2 年以内	6.12
摩长资产管理（上海）有限公司	往来款	20 002 000	1 年以内	2.97
合计		446 278 000		66.18

资料来源：审计报告。

2015 年 11 月，烯碳新材向沈阳市和平区融信小额贷款有限责任公司（以下简称“融信小贷”）拆借资金 8 000 万元，由其子公司银基置业代其向融信小贷支付利息 50 万元，并列报在“其他应收款”科目，未计当期损益。

2015 年，烯碳新材分六次向成都明迪飞商贸有限公司（以下简称“明迪飞”）拆借资金共计 1 亿元，并向明迪飞支付利息 172.5 万元。上述利息 172.5 万元在母公司作为“其他应收款”列报，在合并报表中作为“其他应付款”列报，未计入当期损益。

（2）未确认多名高管及员工2015年工资及绩效等费用。

2015年度，烯碳新材及其控股子公司银基置业将15名员工的工资及绩效工资，合计金额为2 391 781元以借款方式列示于“其他应收款”科目，未计入管理费用。

（3）烯碳新材未按规定核算与披露长期股权投资。

①烯碳新材未按规定披露对外长期股权投资。

2015年11月10日，烯碳新材与恒荣（香港）有限公司、天津银瑞万通资产管理有限公司三方签订《西华碳汇融资租赁（天津）有限公司合同》，共同设立西华碳汇融资租赁（天津）有限公司，约定烯碳新材认缴出资1.8亿元。该项对外投资协议金额1.8亿元，占烯碳新材2014年经审计净资产的12.9%。烯碳新材未披露该事项，也未提供充分证据证实事项的真实性。

②丽港稀土股权转让未完成工商变更登记。

烯碳新材于2012年签署了向连云港市丽港稀土实业有限公司（以下简称“丽港稀土”）增资的《增资合同》。《增资合同》中约定：本公司向目标公司增资20 000万元，持有丽港稀土40%的股权，并且约定，本次增资资金主要用于目标公司投资的稀土固体废渣回收再利用生产线技术改造项目及增加公司的流动资金。丽港稀土应于《增资合同》签署之日起三个月完成增资项目的立项、土地征用和环境评价的工作。2015年4月16日烯碳新材以丽港稀土增资项目至今没有实施，构成《增资合同》的根本违约为由，决定单方解除《增资合同》，并将所有因订立、履行和解除《增资合同》产生的权利义务，作为统一的资产包一并转让给辽宁融川融资租赁股份有限公司，转让价格为20 618.45万元。该转让事项经烯碳新材董事会于2015年4月16日审议通过，转让款按合同约定全部到位。2015年5月，丽港稀土向江苏高院提起诉讼，请求法院判令：“一、烯碳新材继续履行《增资合同》中约定的付款义务，立即向丽港稀土支付增资合同剩余增资款项1.5亿元；二、向丽港稀土支付因拖延支付增资款产生的违约金（数额为3 347.1万元）；由烯碳新材承担全部诉讼费用。”江苏高院对烯碳新材持有的丽港稀土的40%股权实施了诉讼保全。由于丽港稀土的股权已被江苏高院冻结，截至2017年7月经国家企业信用信息公示系统查询，丽港稀土工商登记信息显示其股东仍为烯碳新材，丽港稀土股权转让仍未完成工商变更登记，不具有对抗善意第三人的效力。

2015年北京中证天通会计师事务所以无法获取充分的审计证据、无法确认资产包转让事项的真实性为由出具了无法表示意见的审计报告。2016年中兴华会计师事务所收集了相关的审计证据后，以无法判断股权未过户对烯碳新材财务报表产生的影响为由出具了保留意见的审计报告。

三、思考与讨论

1. 烯碳新材 2015 年年报中存在哪些重大错报风险？

2. 注册会计师可以实施哪些审计程序以获取长期股权投资存在认定相关的审计证据？

3. 讨论并分析说明同样由于烯碳新材未完成对丽港稀土的股权转让工商变更登记，为何 2015 年年报审计机构与 2016 年年报审计机构出具的审计意见不一致。

第12章

货币资金审计：康美药业审计案例

一、案例背景

2019 年 4 月 29 日，A 股昔日医药白马股康美药业股份有限公司（以下简称“康美药业”）披露了 2018 年年度报告，并同时发布公告更正其 2017 年年度报告中出现的会计差错。公告指出 2018 年 12 月 28 日被证监会立案调查后，公司进行了自查以及必要的核查，发现在 2018 年之前，营业收入、营业成本、费用及款项收付方面存在账实不符的情况，并对 2017 年财务报表进行重述。会计差错更正主要包括如下三大事项：一、由于公司采购付款、工程款支付以及确认业务款项时的会计处理存在错误，造成应收账款少计 6.41 亿元，存货少计 195.46 亿元，在建工程少计 6.32 亿元；由于核算账户资金时存在错误，造成货币资金多计 299.44 亿元；二、在确认营业收入和营业成本时存在错误，造成营业收入多计 88.98 亿元，营业成本多计 76.62 亿元；在核算销售费用和财务费用时存在错误，造成销售费用少计 4.97 亿元，财务费用少计 2.28 亿元；三、由于公司采购付款、工程款支付以及确认业务款项时的会计处理存在错误，造成公司合并现金流量表多个项目错误。公告一经发布，引起市场一片哗然。康美药业 299 亿元货币资金不翼而飞，年报审计机构广东正中珠江会计师事务所受到业界广泛质疑。广东正中珠江会计师事务所（特殊普通合伙）（以下简称“正中珠江所”）于 2019 年 5 月 28 日公开发布了专项说明，指出注册会计师的审计意见是恰当的。厦门大学黄世忠教授发表了文章提出质疑：没有银行的配合，康美药业规模如此之大的银行存款造假，能逃得过专业水平比较高的正中珠江所的审计吗？康美药业的货币资金之谜随着证监会行政处罚决定书的公布而真相大白。

附件一 《关于对康美药业股份有限公司媒体报道有关事项的问询函》的专项说明（节选）

附件二 中国证监会行政处罚决定书（康美药业股份有限公司、马某田、许某瑾等22名责任人员）

附件三 中国证监会行政处罚决定书（广东正中珠江会计师事务所、杨某蔚、张某璃、刘某、苏某升）

二、被审计单位的基本情况及主要的会计问题

1. 被审计单位的基本情况

康美药业股份有限公司于 1997 年 6 月 9 日经广东省人民政府粤办函〔1997〕346 号文、广东省经济体制改革委员会粤体改〔1997〕077 号文批准，由普宁市康美实业有限公司（已更名为“康美实业投资控股有限公司”）、普宁市国际信息咨询服务有限公司、普宁市金信典当行有限公司 3 家法人企业和许某君、许某瑾 2 位自然人共同发起设立。公司于 2001 年在上交所上市，并于 2021 年引入国有资金及实力产业投资者，成为广东神农氏企业管理合伙企业（有限合伙）实际控制的企业。公司主要生产和经营的产品为中药饮片、西药、保健食品及食品、中成药、医疗器械等。

2. 主要的会计问题

（1）虚增营业收入、利息收入及营业利润。

康美药业连续三年虚增营业收入、利息收入，进而虚增营业利润，粉饰财务报表。其中，《2016 年年度报告》虚增营业收入 89.99 亿元，多计利息收入 1.51 亿元，虚增营业利润 6.56 亿元。《2017 年年度报告》虚增营业收入 100.32 亿元，多计利息收入 2.28 亿元，虚增营业利润 12.51 亿元。《2018 年年度报告》虚增营业收入 16.13 亿元，虚增营业利润 1.65 亿元。

（2）虚增货币资金。

2016年1月1日至2018年6月30日，康美药业通过财务不记账，虚假记账，伪造、变造大额定期存单或银行对账单，配合营业收入造假伪造销售回款等方式，虚增货币资金。其中，2017年虚增货币资金299.44亿元，占总资产比重的43.57%。

（3）虚增固定资产、在建工程、投资性房地产。

康美药业在《2018年年度报告》中通过将前期未纳入报表的、不符合会计确认与计量条件的亳州华佗国际中药城、普宁中药城、普宁中药城中医馆、亳州新世界、甘肃陇西中药城、玉林中药产业园等6个工程项目纳入表内，调增固定资产11.89亿元，调增在建工程4.01亿元，调增投资性房地产20.15亿元，合计调增资产总额36.05亿元。

（4）未按规定披露控股股东及其关联方非经营性占用资金的关联交易情况。

2016年1月1日至2018年12月31日，康美药业在未经过决策审批或授权程序的情况下，累计向控股股东及其关联方提供非经营性资金116.19亿元用于购买股票、替控股股东及其关联方偿还融资本息、垫付解质押款或支付收购溢价款等。康美药业未在财务报告中披露控股股东及其关联方非经营性占用资金的关联交易情况。

三、审计机构的基本情况及主要的审计问题

1. 审计主体的基本情况

广东正中珠江会计师事务所（特殊普通合伙）主要源自1981年2月23日由广东省财政厅成立的广州会计师事务所（脱钩改制为广东正中会计师事务所有限公司）和广州市审计局成立的广州市珠江会计师事务所。两家会计师事务所在2000年合并为广东正中珠江会计师事务所有限公司。

正中珠江所曾经长期是广东地区综合排行第一的会计师事务所，2019年业务收入4.39亿元，在“2019年度业务收入前100家会计师事务所”中排名第23位。受康美药业审计失败案的影响，事务所2020年业务收入下降至1.77亿元，在《2020年度业务收入前100家会计师事务所》中排名跌至第50位。2022年7月21日广东省财政厅发布了会计师事务所终止公告，称正中珠江所全体合伙人或股东会作出决议，向广东省财政厅报送了注销执业许可备案材料。广东省财政厅于2022年7月21日注销了正中珠江所的执业证书。事务所的执业证书被注销后，企业主体继续存续。

2. 主要的审计问题

（1）风险评估不到位。

①未充分评估与财务报表审计相关的信息系统风险。

捷科 SCM 3.0 新架构供应链系统（以下简称“捷科系统”）为康美药业的业务管理信息系统，金蝶 EAS 系统是康美药业进行账务处理的信息系统。正中珠江所相关审计人员明知康美药业捷科系统的存在，未关注捷科系统与金蝶 EAS 系统是否存在差异，未分析差异形成的原因及造成的影响，未实施必要的审计程序，以至于未发现与财务报表审计相关的信息系统风险。

②风险评估底稿存在缺陷。

康美药业货币资金、营业收入均存在舞弊风险，正中珠江所在审计过程中，在风险识别与评估阶段部分认定结论错误。以 2017 年年报审计为例，正中珠江所认定康美药业 2017 年整体层面的风险等级为中等。货币资金由于期末余额大、“存贷双高”明显、外部媒体质疑较多等原因，存在舞弊风险。营业收入由于规模大、业务复杂、涉及关联主体多等原因，也存在舞弊风险。正中珠江所部分审计底稿中，对货币资金、营业收入的风险评估结果错误，审计工作存在缺陷：一是汇总的重大风险领域不包括货币资金和营业收入；二是识别的财务报表层次的重大风险中，仅认定货币资金存在舞弊风险，未认定营业收入存在舞弊风险；三是评估的认定层次的重大风险中，未认定货币资金、营业收入存在舞弊风险。

（2）风险应对程序存在重大缺陷。

①货币资金风险应对程序存在重大缺陷。

正中珠江所对康美药业的货币资金风险应对程序存在重大缺陷，主要表现在控制测试和实质性程序存在缺陷两个方面。以 2017 年年报审计为例，一方面，存在控制测试范围不合理或控制测试未执行的情形。正中珠江所设计的控制点之一“资金对账”，包括现金对账和银行存款对账，正中珠江所仅针对银行存款对账执行内部控制测试程序，未针对现金对账执行内部控制测试程序，无法实现整个控制点的审计目标。正中珠江所设计的控制点“往来对账的控制”以及控制点“定期存款的审批”并未执行，审计底稿也未见对应的审计证据。另一方面，针对货币资金的实质性程序存在严重缺陷，如未按照审计计划直接从银行获取银行账户流水资料，未对银行询证函回函路径进行控制，未充分关注获取的银行询证函、银行对账单、银行流水等资料存在明显异常或相互矛盾的情况，以至于未能发现康美药业虚增货币资金的事实。

②营业收入风险应对程序存在重大缺陷。

正中珠江所对康美药业的营业收入风险应对程序存在重大缺陷，主要表现在控制测试和实质性程序存在缺陷两个方面。以 2017 年年报审计为例，一方面，控制测试流于形式。如控制点之一“销售出库单”，抽取了 49 个样本，有 5 个样本记录的内容与实际会计记账凭证内容不符。正中珠江所实际抽样时，未核查对应的样本凭证。控制点之一“订立销售合同”，保留审计证据的 12 个样本中，有 10 个样本的合同不存在编号且主要合同条款均为空白。另一方面，针对营业收入的实质性程序存在严重缺陷。如未对营业收入实施函证，而是通过对应收账款余额的函证为营业收入认定提供相互印证的审计证据，未向销售前 20 大客户函证全年度的发生额，未关注存在明显异常或相互矛盾的与收入相关的审计证据：一是大量销售合同显示的金额低于账务确认金额；二是印花税和增值税申报表列示的全年计税基础存在明显差异。

四、思考与讨论

1. 结合背景资料，请说明专项说明中正中珠江所针对货币资金实施的五项审计程序与审计目标的对应关系。

2. 举例说明哪些情形可能表明被审计单位货币资金存在舞弊风险。试论述审计应对措施。

3. 试论述正中珠江所货币资金审计失败的原因及对策。

第13章

审计抽样：振隆特产审计案例

一、案例背景

2013年至2015年间，辽宁振隆特产股份有限公司（以下简称“振隆特产”）陆续向证监会报送过4次招股说明书，并于2014年4月23日在证监会网站预先披露IPO招股说明书，其保荐机构是信达证券。这本是再寻常不过的IPO套路，却因为振隆特产“过于漂亮”的业绩书而受到关注，最后证实是一个看似“天衣无缝”的财务造假事件。振隆特产的造假，使从审计到投行，从专业人士到媒体全部被蒙骗，直到最后监管层介入，真相才陆续被揭开。

2017年3月13日，中国证监会发布对瑞华会计师事务所（以下简称“瑞华所”），签字注册会计师侯某勋、肖某的行政处罚决定书。证监会表示，瑞华所对振隆特产2012—2014年与营业收入和存货相关的项目进行审计时未勤勉尽责，违反了《证券法》相关法律条例，依据《证券法》相关规定，证监会决定：一、责令瑞华所改正违法行为，没收业务收入130万元，并处以260万元罚款；二、对签字注册会计师侯某勋、肖某给予警告，并分别处以10万元罚款。对于振隆特产存在的虚增收入和利润，虚增存货少结转销售成本的违法事实，证监会决定：一、对振隆特产给予警告，并处以60万元罚款；二、对黄某、王某霞等给予警告，并处以一定的罚款。

附件一　中国证监会行政处罚决定书（辽宁振隆特产股份有限公司、黄某、王某霞等19名责任人员）

附件二　中国证监会行政处罚决定书（瑞华会计师事务所、侯某勋、肖某）

二、被审计单位的基本情况及主要的会计问题

1. 被审计单位的基本情况

辽宁振隆特产股份有限公司，前身为阜新振隆土特产有限公司，是一家具有出口自营权的中外合资企业，成立于2000年10月，2011年9月完成股份制改造并更名为辽宁振隆特产股份有限公司。公司是中国食品土畜进出口商会会员，下辖一个全资子公司、两个销售分公司、三个分厂，总占地面积23万平方米。振隆特产以加工籽仁、果仁等作为主营业务。其中，南瓜籽仁、松籽仁是主打产品，营业收入占比超过75%。

2. 主要的会计问题

（1）销售端造假，虚增收入、虚增应收账款。

振隆特产利用其销售优势——境外销售而且是向贸易商销售，通过虚增合同销售单价来虚增收入。2012—2014年，振隆特产以虚增合同销售单价的方式累计虚增出口销售收入8 268.51万元。其中，2012年、2013年、2014年分别虚增收入662.04万元、1 813.51万元、5 792.96万元，虚增利润金额分别占振隆特产当年账面利润总额的8.61%、20.81%、67.33%。

振隆特产通过虚增应收账款掩饰虚增收入，但连续几年造假后，应收账款的收回问题突显。这时，振隆特产充分利用其境外销售的优势，利用第三方汇款冲抵应收账款，以此缩短账龄。值得关注的是，振隆特产虚增收入并不是利用虚构的合同，而是通过虚增真实销售合同的销售价格，这样使得证券商和瑞华会计师事务所（以下简称“瑞华所”）审查时难度大增。

（2）采购端造假，虚增存货、虚减成本。

振隆特产通过采购端造假，虚增存货、虚减成本，具体表现在三个方面：第一，作为拟上市企业，多次提及公司利用技术改造、设备更新提升了产品出成率，使其生产同样一批产品，消耗的原材料减少，进而减少结转的成本，存货会相应增加。第二，振隆特产通过调低其原材料的采购价格，使得消耗同样数量的原材料的情况下，材料成本降低。第三，振隆特产通过不确认已处理霉变存货损失，虚减相关支出同时虚增了存货。

振隆特产原材料均在每年第四季度到次年二月集中采购，而其原材料南瓜籽、松籽、开心果、杏核等农产品的霉变损失在财务数据中未有体现。在振隆特产的招股说明书中几乎没有计提存货损失，2013 年管理费用中的盘亏损失只有 9.77 万元，营业外支出仅有 300 元，但并不是存货损失，而是固定资产处置损失。

振隆特产通过虚增合同销售单价虚增收入，通过调节出成率、调低原材料采购单价、未在账面确认已处理霉变存货损失虚减支出等手段，在 2012 年至 2014 年三年累计虚增利润 7 616.18 万元，虚增存货 3 254.13 吨，金额为 7 631.24 万元。

三、主要的审计问题

1. 瑞华所未充分关注收入审计中的异常情况

瑞华所在对振隆特产 2012 年至 2014 年营业收入进行审计时，振隆特产提供的与各个境外销售客户签订的合同的格式大致相同，合同中缺少对外贸易合同的一些基本要素，例如：对货物质量的约定（如纯度、含水率、破损率等）；包装标准；付款条件（如见票即付）；需要提交的文件（如发票、提单、各种检疫检验证明文件等）。瑞华所在审计时发现振隆特产在 2012 年前后使用的外销合同格式不一样，但未保持应有的职业怀疑，特别是在振隆特产 2013 年及 2014 年的营业收入存在舞弊导致重大错报风险的情况下，对上述异常情况仍未予以充分关注，在获取审计证据的时候没有确保审计证据的可靠性。

2. 瑞华所未对函证程序保持应有的控制

瑞华所在对振隆特产 2012 年至 2014 年财务报表进行审计时，对大部分销售客户（包括大部分境外销售客户）期末应收账款余额及当期销售金额进行了函证。经查，瑞华所审计人员在审计过程中将针对销售客户的询证函交由振隆特产的工作人员发出，未保持函证发函时应保持的控制，振隆特产借机安排将虚假回函寄回瑞华所，使得函证回函证据失效。

3. 瑞华所未按审计准则及总体审计策略实施有效的抽盘程序

瑞华所对振隆特产 2013 年及 2014 年财务报表进行审计时，认为存货存在舞弊风险，拟在观察存货盘点的过程中实施额外的审计程序。但注册会计师在监盘过程中主要存在如下问题：一、在振隆特产的存货密集堆放，各垛物品间没预留可查看空间的情况下，瑞华所只对顶层、侧面以及外围的存货进行抽样检查，未对垛中心存货进行检查，未保证所有存货都有被检查的机会。二、在实际监盘时，瑞华所仅从每一垛存货中抽出部分存货进行称重或查看质量，进而认为整垛存货是经过抽盘的，故实际抽盘的比例远低于审计底稿记载的比例。三、2013年及2014年，瑞华所在总体审计策略中提出要增加抽盘的范围与数量，但实际也未执行。四、瑞华所委托专业第三方鉴定机构对货物进行检测，以“更严格地检查包装箱中的货物”。然而，第三方鉴定机构对货物进行检测只是对存货状况进行了评价，不属于确定存货存在的审计证据。

四、思考与讨论

1. 审计抽样的基本特征是什么？

2. 请从抽样风险、非抽样风险的视角，分析瑞华所对振隆特产的存货抽样审计失败的原因。

3. 论述注册会计师如何降低抽样风险和非抽样风险。

第14章

审计报告：弘高创意信息披露违法违规事件

一、案例背景

2017年上半年，在实际经营业绩远低于借壳重组许下的业绩承诺的情况下，北京弘高创意建筑设计股份有限公司（以下简称“弘高创意”）为谋求年报利润达到业绩承诺预期，相继聘请了天职国际会计师事务所（特殊普通合伙）（以下简称“天职所”）、上海上会会计师事务所（特殊普通合伙）（以下简称“上会所”）、中兴财光华会计师事务所（以下简称“中兴财光华所”）三家会计师事务所，公司经营业绩也几度缩水。

弘高创意三度更换2016年年报的审计机构，具体情况如下（见图14－1）：2017年2月17日，公司以“保证上市公司的审计独立性”为由将上会所解雇，改聘天职所。3月30日，公司再次发布《关于变更会计师事务所的公告》，公告称由于天职所在为公司进行财报审计过程中发现与预期的工作量差异较大，可能无法按时完成公司的财报审计工作，经与公司协商，决定解除审计协议，弘高创意又重新聘回上会所。4月28日，上会所对弘高出具了无法发表意见的审计报告。弘高创意对上会所出具的审计意见不认可，并于6月10日宣布聘请中兴财光华所进行重新审计。9月29日，弘高创意2016年年度审计报告终于重新出炉。中兴财光华所经审计后，出具了标准无保留意见的审计报告。

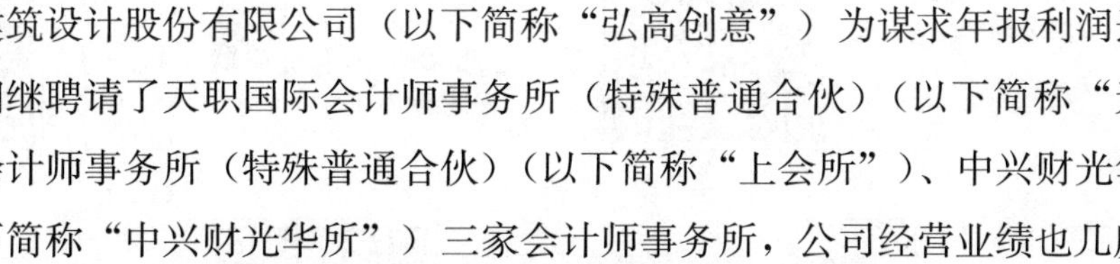

图14－1 更换审计机构图

2018 年 1 月，中国证券监督管理会北京监管局对弘高创意作出行政处罚决定。决定中载明：2017 年 2 月 28 日公布的 2016 年度业绩快报数据与其后披露的 2016 年年度审计报告数据存在重大差异，快报数据不准确，依据不充分，对公司采取责令改正的行政监管措施。2018 年 1 月 29 日，深圳证券交易所发布《关于对北京弘高创意建筑设计股份有限公司及相关当事人给予公开谴责处分的公告》，公告中载明了弘高创意及相关当事人的违规行为：一、弘高创意 2016 年度财务报告被上会所出具了无法表示意见的审计报告且情节严重。二、弘高创意 2016 年度业绩预告、业绩快报不准确，与实际数据差异较大，公司未能及时、准确地履行相关信息披露义务。深圳证券交易所对弘高创意给予公开谴责的处分；对弘高创意董事长何某、时任副董事长兼总经理甄某涛给予公开谴责的处分；将事项记入上市公司诚信档案，并向社会公布。

附件一　北京弘高创意建筑设计股份有限公司2016年年度业绩快报

附件二　北京弘高创意建筑设计股份有限公司2016年度审计报告

附件三　北京弘高创意建筑设计股份有限公司2016年度审计报告

附件四　关于对北京弘高创意建筑设计股份有限公司采取责令改正措施的决定

附件五　关于对北京弘高创意建筑设计股份有限公司及相关当事人给予公开谴责处分的公告

二、被审计单位的基本情况及主要的会计问题

1. 被审计单位的基本情况

北京弘高创意建筑设计股份有限公司（以下简称“弘高创意”）成立于 1993 年，2014 年借壳江苏东光微电子股份有限公司（以下简称“东光微电”）上市，成为大建筑行业设计概念第一股（股票代码 002504）。2014 年弘高创意的前身东光微电公告借壳

方案，东光微电以截至评估基准日除 6 000 万元现金外的全部资产和负债与北京弘高慧目投资有限公司（以下简称“弘高慧目”）、北京弘高中太投资有限公司（以下简称“弘高中太”）、北京龙天陆房地产开发有限公司（以下简称“龙天陆”）、李某蕊合计持有的北京弘高建筑装饰工程设计有限公司（以下简称“弘高设计”）100%的股权进行置换，置入资产的交易价格超出置出资产的交易价格的差额部分由东光微电发行股份购买。借壳前，弘高设计的股权结构如图 14-2 所示。借壳后，弘高设计的股权结构如图 14-3 所示，弘高慧目、弘高中太合计持有弘高创意约 59.59%的股权并成为公司控股股东，何某夫妇成为公司的实际控制人。

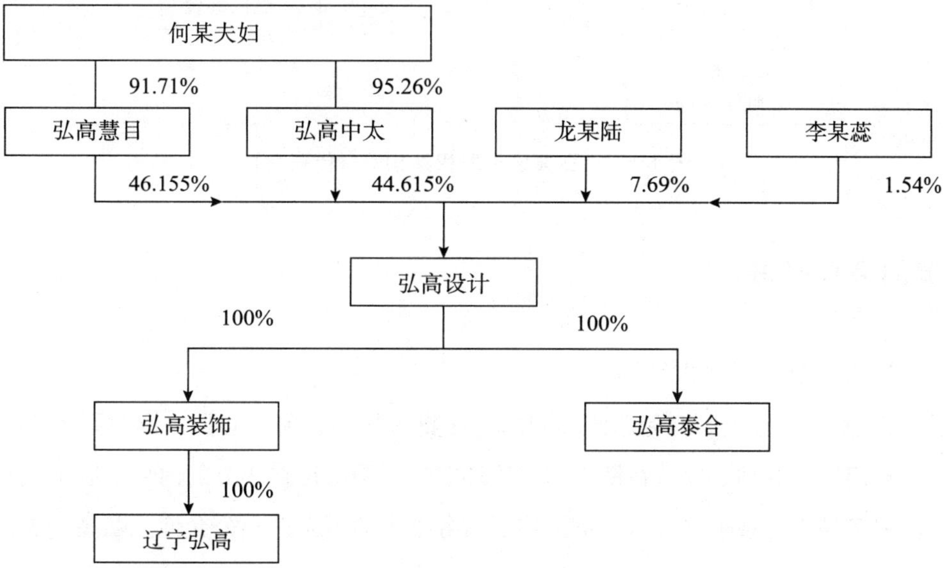

图 14-2　弘高设计股权结构图（借壳前）

弘高设计属于建筑装饰行业，具有“轻资产”的特点，其固定资产投入相对较少、价值不高，也因为建筑装饰行业未来具有良好的发展空间，弘高设计近年来业务发展快速，盈利水平快速提升，整体业务布局清晰，未来前景可期且竞争优势较为显著。在这种行业大环境下，弘高设计支撑起了借壳的高估值。借壳交易方案中弘高慧目和弘高中太承诺 2014 年至 2016 年度实现净利润分别不低于 2.19 亿元、2.98 亿元、3.92 亿元。若置入资产在前述年度的实际盈利数额未达承诺，交易对方应向上市公司补偿相应股份。回顾这三年的业绩情况，2014 年上市公司实现年度业绩目标，2015 年小幅不达标，基本上完成 94.1%，但 2016 年则处于尚未可知的状态。这也是前文提到弘高创意 2016 年经审计后实际净利润为 2.4 亿元而执意在业绩快报中披露 4.15 亿元的主要原因，只有净利润为 4.15 亿元才能基本保证完成 2016 年的业绩承诺，对赌成功，否则将回购注销巨额股份。

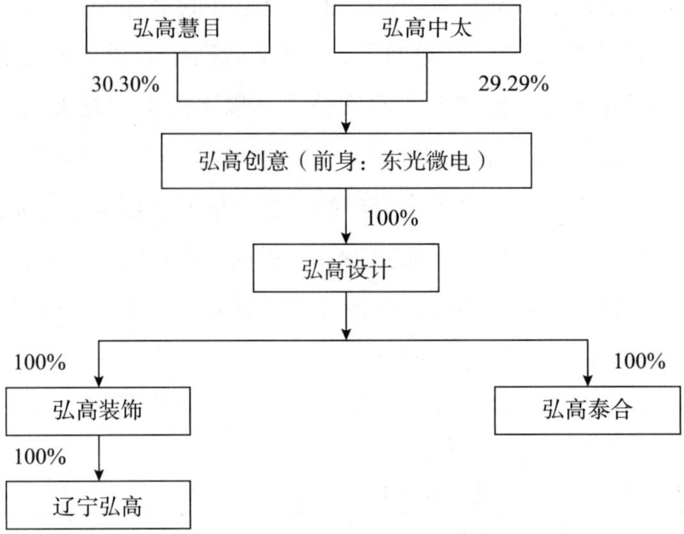

图 14－3　弘高设计股权结构图（借壳后）

2. 主要的会计问题

（1）内部控制存在重大缺陷。

弘高创意 2016 年度原财务总监离职后，一直未任命新财务总监，同时财务部关键岗位人员出现离职和变动，导致在销售与收款环节、采购与付款环节的内部控制上出现了重大缺陷，财务核算出现了混乱，严重影响了财务报表的可靠性和公允性。弘高创意未能提供真实、可靠、完整的经营和财务资料，导致上会所无法执行必要审计程序，也无法实施必要的替代程序以对后附财务报表中的营业收入、营业成本、应收款项、应付款项、存货进一步取得充分、适当的审计证据以确定后附财务报表及附注已恰当列示和披露。

（2）营业收入与营业成本核算不规范。

业务部门、财务部门对工程完工进度信息的生成及其内部传递尚未建立起有效的复核与监督机制，营业收入有关内部控制存在重大缺陷，导致 2016 年营业收入披露数据出现重大调整。工程施工成本核算不规范，未根据材料、人工的实际投入情况进行成本暂估，工程施工成本的核算结果不能真实反映工程项目的实际进展状况。

（3）2016 年度业绩预告、业绩快报不准确，与实际数据差异较大。

2016 年 10 月 31 日，弘高创意在 2016 年第三季度报告中披露预计 2016 年度净利润为 34 000 万元至 42 000 万元。2017 年 2 月 28 日，弘高创意在 2016 年度业绩快报中披露 2016 年度净利润为 41 520 万元。2017 年 4 月 29 日，弘高创意披露 2016 年度报告，2016 年度经审计的净利润为 23 976 万元。2017 年 9 月 30 日，弘高创意披露《关于会计差错更正的公告》，其中披露调减后的 2016 年度净利润为 23 439 万元。弘高创意在 2016 年第三季度报告中披露的 2016 年净利润预计数据、在 2016 年业绩快报中披露的净利润与实际数据差异较大，公司未能及时、准确地履行相关信息披露义务。

三、思考与讨论

1. 财务报表审计意见的基本类型一般有哪些？审计机构出具无法表示意见审计报告的情形有哪些？

2. 为何针对弘高创意 2016 年年度审计报告，上会所与中兴财光华所出具了不同的审计意见？

3. 案例中弘高创意 2016 年度为了“实现”企业当年借壳上市承诺的业绩，不惜多次变更会计师事务所来寻求合适的二次意见，接任的中兴财光华所应采取哪些防范措施来消除或减少被要求提供二次意见的不利影响至可接受的水平？

第二篇　审计程序专题案例

第 15 章

风险评估：风华高科审计案例

一、案例背景

2019 年 11 月，中国证券监督管理委员会广东证监局对广东风华高新科技股份有限公司（以下简称“风华高科”）出具了行政处罚决定书，坐实了白马股风华高科财务造假。2016—2018 年风华高科均实现了营业收入和净利润的双增长，其中 2017 年净利润 2.62 亿元，同比增长 180.48%；2018 年净利润 10.29 亿元，同比增长 292.75%，一直被市场视作业绩白马股。为达到粉饰财务报表的目的，风华高科选择虚假转让应收账款，少计资产减值损失，以虚增利润。2020 年 12 月，中国证券监督管理委员会广东证监局对风华高科 2016 年年报审计机构立信会计师事务所（以下简称“立信所”）出具了行政处罚书。处罚书中认定了立信所在风华高科 2016 年年报审计中风险评估与风险应对程序存在缺陷。

附件一　中国证券监督管理委员会广东监管局行政处罚决定书

附件二　中国证券监督管理委员会广东监管局行政处罚决定书（立信会计师事务所、宣某辰、陈某）

二、被审计单位的基本情况及主要的会计问题

1. 被审计单位的基本情况

广东风华高新科技股份有限公司成立于 1984 年，是一家专业从事高端新型元器件、电子材料等电子信息基础产品的高新技术企业，1996 年在深圳证券交易所挂牌上市。风华高科自进入电子元器件行业以来，实现了跨越式的发展，现已成为国内大型新型元器件及电子信息基础产品科研、生产和出口基地，拥有自主知识产权及核心产品关键技术的国际知名新型电子元器件行业大公司。

2. 主要的会计问题

（1）隐匿应收账款。

风华高科开展贸易业务时，从中捷通信有限公司采购电子产品，再销售给案外人林某控制下的广东新宇金融信息科技有限公司（以下简称“广东新宇”）、广州亚利电子有限公司（以下简称“广州亚利”）、广州天河高新技术产业开发区华力科技开发有限公司（以下简称“广州华力”）、广州鑫德电子有限公司（以下简称“广州鑫德”）。上述四家公司从 2014 年下半年起无法向风华高科支付到期货款。在风华高科催收下，林某实际控制的上述公司向风华高科开具了商业承兑汇票，2015 年 2、3 月份商业承兑汇票先后到期，上述债务仍未清偿。2015 年 4 月起，风华高科组织专门人员对上述债务进行催收，截至 2015 年 12 月 31 日，仍未能收回前述应收广州华力、广州鑫德、广东新宇和广州亚利合计约 6 319 万元的款项，且对应债权并没有抵押物等担保。

为了解决应收账款账目挂账问题、延长应收账款计提坏账准备时间，风华高科通过以下两种方式隐匿公司应收账款：一是通过粤盛资产管理有限公司（以下简称“粤盛资产”）和宁夏顺亿资产管理有限公司（以下简称“宁夏顺亿”）配合操作，由风华高科于 2016 年 3 月出资 5 500 万元，购买粤盛资产委托宏信证券有限责任公司（以下简称“宏信证券”）发行的一项理财产品；粤盛资产收到该笔资金后，即全部转至宁夏顺亿；宁夏顺亿以 2015 年 12 月 31 日为基准日，原价受让风华高科对广州亚利、广东新宇合计约5 470 万元应收账款，并以支付受让款的名义，将收到的上述款项全部转回风华高

科。二是通过案外人刘某华实际控制的深圳市全聚能实业有限公司（以下简称“深圳全聚能”）配合操作，由该公司以 2015 年 12 月 31 日为基准日，以八折（6 803 168.69 元）的价格受让风华高科应收广州鑫德、广州华力合计约 850 万元应收账款，其所支付的受让款，来源于风华高科向刘某华实际控制的另一家公司支付的预付款约 250 万元以及对该公司的应收账款约 430 万元。风华高科在分别与宁夏顺亿、深圳全聚能签署债权转让合同时，另行分别签署补充协议，均明确约定：自合同生效之日起，风华高科仍负有追收对应应收账款的权利和义务；若款项未足额收回，损失由风华高科承担。2017 年，风华高科除了赎回其在宏信证券认购的理财产品，改为认购银华财富资本管理（北京）有限公司发行的同等数额理财产品之外，继续沿用上述两种方式对前述约 6 319 万元应收账款进行隐匿。经核实，本案所涉应收账款对应债权并未实质发生转让、其转让时已预计难以按时收回。造假手段流程图和资金流造假流程图分别见图 15－1 和图 15－2。

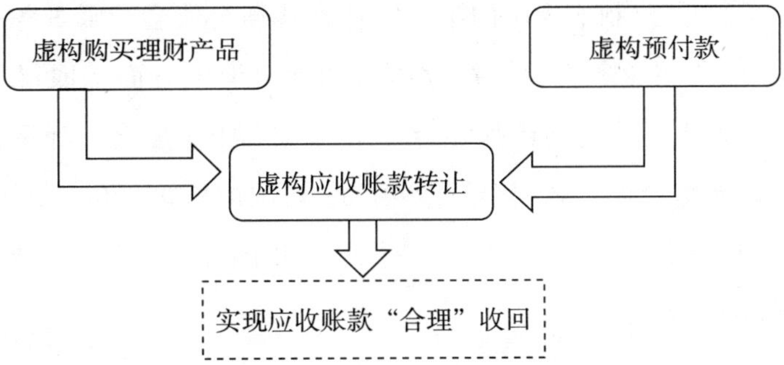

图 15－1　造假手段流程图

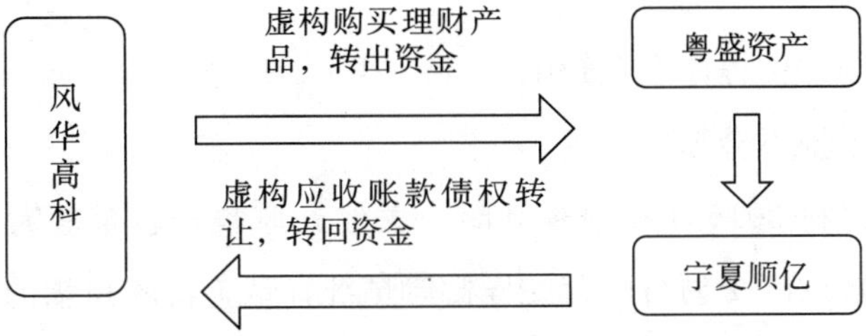

图 15－2　资金流造假流程图

（2）少计资产减值损失。

风华高科披露的《2016 年半年度报告》及《2016 年年度报告》中列示的应收账款事项，均未包含应收广州华力、广州鑫德、广东新宇和广州亚利合计约 6 319 万元的款项，导致风华高科少计提资产减值损失，虚增利润总额 61 921 185.13 元，占风华高科 2016 年半年报利润总额的比例为 60.21%，占风华高科 2016 年年报利润总额的比例为 33.05%。

三、审计机构的基本情况及主要的审计问题

1. 审计主体的基本情况

立信会计师事务所由中国会计泰斗潘序伦先生于1927年在上海创建，是中国建立最早和最有影响的会计师事务所之一。1986年复办，2000年成立上海立信长江会计师事务所有限公司，2007年更名为立信会计师事务所有限公司。立信所依法独立承办注册会计师业务，具有证券期货相关业务从业资格。2010年，立信所获得首批H股审计执业资格。2010年12月改制成为国内第一家特殊普通合伙会计师事务所。经过九十余年的长足发展，立信所在业务规模、执业质量和社会形象方面都取得了国内领先的地位。根据2022年9月中国注册会计师协会发布的《2021年度会计师事务所综合评价百家排名信息》，立信所综合评价名列全行业第六位，国内所第二位。2021年度实现业务收入41.06亿元，有注册会计师2 216人，是2021年国内所中业务收入最高，注册会计师人数最多的会计师事务所。

2. 主要的审计问题

（1）风险识别与评估程序存在缺陷。

①未充分考虑错报不会孤立发生。

立信所对风华高科2016年年报审计时，关注到应收账款金额大且出现难以收回迹象、原价转让应收账款的交易行为存在异常等情况，认为应收账款的完整性、存在和计价等认定具有重大错报风险；关注到理财产品金额大、2016年新增较多短期投资等情况，认为理财产品的存在、准确性、计价和列报等认定具有重大错报风险；但立信所对应收账款转让与购买理财产品、支付投资顾问费等事项的相关认定，包括但不限于应收账款的存在认定与理财产品的存在认定、应收账款的计价认定与财务报表整体利润等异常，未能将其作为关联事项进行必要关注，保持合理怀疑，未相应调整有关的资产减值损失、银行存款等科目的风险评估结论。立信所未充分考虑错报不会孤立发生，一项错报发生可能表明相关报表项目错报的发生。

②未识别特别风险。

风华高科根据其与粤盛资产签署的《投资顾问协议》和《咨询顾问服务协议》的约定，分别于 2016 年 4 月 12 日和 12 月 15 日向粤盛资产支付预付款 66 万元和季付款 199.9 万元两笔费用；在 2016 年 12 月 15 日向宏信证券申请提前赎回资产，于 12 月 19 日收到本金及投资收益合计约 5 699 万元，其中投资收益约 199 万元。理财产品的购买时间、金额与应收账款转让时间、金额高度一致，且投资顾问费的支出明显高于投资收益，购买理财产品的交易行为存在重大异常，立信所未考虑是否存在特别风险。

（2）风险应对程序存在缺陷。

立信所将应收账款和包含理财产品的其他流动资产项目均评为具有重大错报风险，指出需关注上期期后事项涉及的债权转让事项，关注期后是否有重大情况变动并考虑补充审计程序。但在执行具体审计程序时，立信所未能对上述项目的相关认定获取充分、适当的审计证据。

①未充分获取应收账款的相关审计证据。

一方面，立信所基于执行 2015 年度期后事项审计时审核了债权转让合同和对广州亚利、广东新宇及宁夏顺亿进行了相关函证，2016 年度审计时仅执行了检查 2015 年审计获得的合同和询问风华高科负责财务相关人员的审计程序，未关注应收账款于 2016 年度的变动情况，未根据应收账款项目的重要性和必要性执行更多的审计程序。另一方面，立信所未充分获取应收账款转让交易商业合理性的相关审计证据。立信所询问风华高科负责财务相关人员有关应收账款转让的背景、原因、是否存在回购条款、内部控制流程等内容后，认为宁夏顺亿原价受让应收账款债权具有合理的商业理由。但立信所除实施询问程序以外，未实施走访广州亚利和广东新宇实际控制人、兰州项目现场等其他补充审计程序。同时，在风华高科不配合走访程序时，立信所未坚持执行前往宁夏顺亿走访的程序，也未曾尝试不经风华高科协调、直接与宁夏顺亿联系走访事宜。

②未充分获取理财产品的相关审计证据。

立信所未从风华高科或宏信证券处获取理财产品相关的投资指令函、划款指令，以及《资产管理合同》中规定的《资产委托投资管理月报》、对账单等证据，也未对理财产品的投资去向实施其他替代程序。此外，立信所未针对转让应收账款、购买理财产品和支付投资顾问费等相关事项合并起来产生的风险，保持合理的职业怀疑，设计和执行必要的审计程序。针对购买理财产品产生的投资顾问费明显高于投资收益的异常情况，立信所将其列在管理费用中，仅对管理费用执行抽查凭证等常规审计程序。

四、思考与讨论

1. 风险评估程序有哪些？

2. 结合案例，分析风华高科2016年年报存在哪些重大错报风险。

3. 特别风险有哪些？注册会计师如何应对特别风险？

第16章

控制测试：太化股份审计案例

一、案例背景

2015年亏损1.78亿元的太原化工股份有限公司（以下简称“太化股份”），在2016年上半年继续亏损9 500余万元的情况下，于2016年8月26日宣布筹划重组转型，拟向文化旅游业转型。然而，这一重组转型计划在2016年10月12日便宣告失败。原因是太化股份因在2014年度虚增收入被证监会立案调查。受此影响，公司筹划的重组事项终止。2017年6月，中国证监会山西监管局对太化股份下发了行政处罚决定书。决定书中山西监管局查证了太化股份通过实施无商业实质的购销交易、重复确认销售收入，虚增营业收入的违法事实，对太化股份责令改正，给予警告，并处以40万元的罚款。太化股份2014年年报审计机构致同会计师事务所（以下简称“致同所”）因未勤勉尽责，被山西监管局没收业务收入60万元，并处以60万元罚款。

附件一　山西太化股份有限公司涉嫌信息披露违法违规案行政处罚决定书

附件二　中国证监会山西监管局行政处罚决定书（致同会计师事务所、王某才、王某民）

二、被审计单位的基本情况及主要的会计问题

1. 被审计单位的基本情况

太原化工股份有限公司，系经山西省人民政府晋政函（1999）11号文批准，于1999年2月26日，由太原化学工业集团有限公司作为主要发起人，联合山西永兴化工有限公司、太原双凯化工有限公司、太原美能佳化工有限公司、山西省太原市中都物资贸易有限公司以发起方式设立的股份有限公司。公司于2000年11月9日在上海证券交易所挂牌上市交易，公司主营业务为贵金属加工，工业用水生产，化工产品、化肥、焦炭贸易，化工设备管理防腐、保温、拆除、安装等。

2. 主要的会计问题

（1）太化股份2014年年报中未完整披露收入确认具体方法。

太化股份2014年年报中未完整披露收入确认具体方法，存在误导性陈述。在2014年年报中，太化股份披露了销售产品收入确认的具体方法：对于无需检验的产品，通过客户自提方式销售商品的，自客户装好货物并在出门证上签字时确认收入，在此之前收到的货款先确认为负债；通过铁路运输方式销售商品的，自获取铁路货运站开具的货票时确认收入，在此之前收到的货款先确认为负债。对于需要检验的产品，自获取客户验收单时确认收入，在此之前收到的货款先确认为负债。公司自销产品收入与贸易业务收入的收入确认情形不同，公司贸易业务收入未按披露的收入确认方法确认，公司也未披露贸易业务收入确认的具体方法。

（2）太化股份及其子公司实施无商业实质的购销交易。

①太化股份通过子公司重复确认收入。

太化股份通过子公司山西华旭物流有限公司（以下简称“华旭物流”）以及太化股份铁运分公司，重复确认同一笔销售业务的收入。2014年12月18日，华旭物流向阳泉某贸易公司销售抛光粉787.53吨，并确认收入41 099 642.58元（不含税），交货地点为上海闵行区老江川东路阳山码头。上述货物经山西省某物贸公司（阳泉某贸易公司指定的收货人）再次销售给太化股份铁运分公司。同日，太化股份铁运分公司再次销售

抛光粉 787.53 吨，并确认收入 41 133 297.88 元（不含税），交货地点为上海闵行区老江川东路阳山码头。上述贸易的销售发票和购销合同中列明的货物名称、型号、数量、交货地址等完全相同。同一笔销售业务在太化股份中重复确认了销售收入。

②太化股份及其子公司作为中间商实施无商业实质的购销交易。

太化股份与供应商、客户分别签订采购合同与销售合同，除价格条款以外，商品名称、数量、规格、结算方式、提货方式等其他条款均基本相同；太化股份均不负责合同项下商品的运输、检验和仓储，全部由客户向供应商自提、供应商送货至客户或直接在商品储存地转移货权；在结算方面，客户向太化股份交付货款后，太化股份再向供应商交付采购款。在购销过程中，太化股份未自主选择供应商及客户，未经手业务合同项下商品的实物流转，采取先收款后付款的结算方式，部分供应商与客户二者有业务往来、部分供应商与客户系关联方。因此，太化股份开展三方的贸易业务没有合理商业理由，属于无商业实质的购销交易，确认收入为虚增营业收入。

三、审计机构的基本情况及主要的审计问题

1. 审计主体的基本情况

致同会计师事务所成立于 1981 年，已有超过 40 年的发展历史，是中国最早且最具影响力的会计师事务所之一。致同所总部位于北京，采用“全国一所”的集团化管理模式，目前拥有 28 个分支机构，近 300 名合伙人，6 000 多名员工，其中注册会计师超过 1 100 人。2021 年度致同所业务收入超过 25 亿元，已公布的 2021 年度会计师事务所综合评价百家排名中，致同所在国内所排名第 7。

致同所坚持质量至上，恪守独立性原则，是首批获得从事证券期货相关业务资格、首批获得从事特大型国有企业审计业务资格及首批取得金融审计资格的会计师事务所之一，同时也是首批获得 H 股企业审计业务资格的内地事务所之一。

2. 主要的审计问题

（1）收入的审计程序不到位。

①收入政策的审计程序不到位。

致同所的注册会计师通过询问和观察，了解太化股份2014年年报中披露的收入确认相关会计政策，并在底稿中记录太化股份结合自身实际，制定收入会计政策，并经管理层、董事会审核。致同所认为，经测试太化股份收入政策相关的内部控制运行有效。同时，审查了太化股份2014年贸易业务收入确认单据主要为货物销售结算单、增值税发票、收货确认单据（部分有）等。可见，太化股份贸易业务实际并未按照披露的会计政策确认收入，而致同所未能识别太化股份未披露贸易收入确认政策的风险。

②收入真实性的审计程序不到位。

在收入真实性的审计程序实施中，致同所存在如下审计问题：一是太化股份子公司华旭物流贸易业务收入2014年增长32.49倍，致同所未充分关注分析程序的异常差异并进一步调查。二是致同所未充分关注太化股份两家子公司销售业务中签约时间、合同标的、交货时间、交货地点等重要条款的一致性，以致未能识别太化股份重复确认收入的违法行为。三是致同所在收入发生测试中未充分关注太化股份贸易收入确认缺乏出门证、客户验收单等重要支持性凭证的异常情形，以致未能识别太化股份贸易收入无商业实质的风险。

（2）销售与收款循环的控制测试不恰当。

在了解了太化股份收入确认政策，审查了太化股份收入相关凭证后，致同所在审计工作底稿中记录，太化股份2014年贸易业务收入确认单据主要为货物销售结算单、增值税发票、收货确认单据（部分有）等。在控制测试设计与实施过程中，致同所设计了“将收入日期与发运日期进行核对”的控制测试程序。然而，发运日期这一指标并不适用于太化股份的收入确认。且在审计过程中，致同所只是将发票日期、记账日期和出库日期进行核对，没有核对发运日期。

四、思考与讨论

1. 太化股份收入确认涉及哪些业务凭证？
2. 太化股份2014年财务报表中营业收入项目存在哪些重大错报风险？
3. 从控制措施的视角分析太化股份存在的控制缺陷。
4. 分析致同会计师事务所控制测试失效的原因。

第 17 章

分析程序：胜通集团审计案例

一、案例背景

2022 年 5 月，中国证监会公布了 2021 年资本市场 20 起典型违法案例，其中涉及曾列中国 500 强的山东胜通集团股份有限公司（以下简称“胜通集团”）。经中国证监会调查发现，2013 年至 2017 年期间，胜通集团通过编制虚假财务报表、直接修改经审计的财务报表等方式，连续 5 年将亏损披露为盈利，累计虚增收入 615 亿元，虚增利润 119 亿元。年报审计机构中天运会计师事务所（特殊普通合伙）（以下简称“中天运”）也因连续 5 年出具含有虚假内容的审计报告被证监会处予以行政处罚，证监会责令其改正，没收业务收入 575 万元，并处以 1 150 万元罚款；对签字注册会计师杨某刚、张某富给予警告，并分别处以 10 万元罚款。

附件　中国证监会行政处罚决定书（中天运会计师事务所、杨某刚、张某富）

二、审计机构的基本情况及主要的审计问题

1. 审计机构的基本情况

中天运会计师事务所始建于 1994 年 3 月，2013 年 12 月完成特殊普通合伙转制。中

国注册会计师协会发布的《2021年度会计师事务所综合评价百家排名信息》通告中，中天运2021年度实现业务收入7.47亿元，有注册会计师288人，综合排名第20位。

2. 主要的审计问题

（1）风险评估程序存在缺陷。

2013年度至2017年度，胜通集团以山东胜通钢帘线有限公司（以下简称“胜通钢帘线”）、山东胜通化工有限公司（以下简称“胜通化工”）、山东胜通光学材料科技有限公司（以下简称“胜通光科”）三家子公司为造假实体，虚增收入，虚增利润。

胜通化工构成胜通集团合并报表的重要组成部分。在2013年度至2017年度审计期间，中天运未执行“实地察看被审计单位主要生产经营场所”的审计程序，未能发现胜通化工处于停产状态，进而未发现胜通化工虚构销售和采购的事实。中天运上述行为无法实现风险评估的审计目的。

汇通贸易、上海翌丰、青岛邦瑞奇是胜通集团的全资子公司，且均存在工商异常情况。胜通钢帘线2013年度至2017年度前五大供应商集中且与胜通化工前五大供应商存在重合，均有汇通贸易、上海翌丰、青岛邦瑞奇，并且供应商中汇通贸易、上海翌丰在2015年度至2017年度同时为胜通钢帘线的客户且发生额较大。中天运未获取上述三家公司的工商信息，并将有关函证交由被审计对象发送，以致未能识别胜通集团利用上述三家公司虚构销售和采购的事实。

（2）控制的了解与测试存在缺陷。

中天运对胜通集团2013年度至2017年度审计时，未在了解被审计单位及其环境、内部控制审计程序中获取胜通钢帘线、胜通光科的ERP系统数据，没有对ERP系统实施控制测试，只在胜通集团层面进行控制测试，没有在胜通集团各子公司实施控制测试，过度信赖胜通集团的内部控制，不适当地简化了实质性测试。通过获取胜通钢帘线、胜通光科的ERP系统数据，可以发现胜通钢帘线、胜通光科存在虚假采购、销售的事实。

（3）实质性程序存在缺陷。

①函证程序存在缺陷。

中天运在应收账款实质性程序中，未对函证保持控制，未对回函异常情况保持职业怀疑，实施函证程序的结果无法对应收账款和营业收入提供可靠的审计证据。具体情形如下：第一，函证设计存在缺陷。仅函证当期余额，未按照计划实施的审计程序选择主要客户函证当期销售额。第二，未对函证实施过程保持控制。审计底稿中寄发的应收账款询证函均交由胜通集团的工作人员代为发出，审计人员除在填写现场函证工作记录中向企业获取个别被询证单位地址外，在其他审计过程中都没有取得被函证单位的地址，没有形成过函证地址或核对函证地址的审计底稿，没有填写过发函快递单。审计底稿中涉及的现场函证均不属实。第三，未对取得的回函进行评价，无法保证回函的可靠性。审计底稿中部分回函由胜通集团人员提供，部分回函附有邮寄至中天运的快递单，但由于审计人员未直接发出函证，无法保证回函来源于被询证者或经其授权，同时未关注到询证函回函客户印章存在明显异常。

中天运在对胜通钢帘线应付账款进行审计时，对供应商期末应付账款余额进行的函证程序存在以下缺陷：第一，未对函证实施过程保持控制，将供应商汇通贸易、上海翌丰、青岛邦瑞奇、山东圣丰物资有限公司、潍坊特钢集团有限公司询证函交由胜通集团的工作人员发出。第二，未对取得的回函进行评价，无法保证回函的可靠性。审计底稿中部分回函由胜通集团人员提供，部分回函附有邮寄至中天运的快递单，但由于审计人员未直接发出函证，无法保证回函来源于被询证者或经其授权。

②分析程序存在缺陷。

中天运未获取产能资料并执行产能分析程序。在 2013 年度至 2017 年度审计过程中均未获取胜通钢帘线及胜通光科的产能相关资料，也未对产能利用率与产成品入库当期增加进行分析，导致未能发现两家公司产能利用率大幅超过其实际最大产能的异常情况。

中天运未对上市公司客户、可比公司的公开资料进行查询并未对异常情况保持职业怀疑。三角轮胎股份有限公司为胜通钢帘线 2012 年至 2015 年前五大客户，其公开披露的 2013 年度、2014 年度向胜通钢帘线采购数据与胜通钢帘线提供的对三角轮胎股份有限公司销售收入存在巨大差异。同时中天运未对钢帘线销售均价远超过同行业排名第一的江苏兴达钢帘线股份有限公司的异常保持职业怀疑，未能实施进一步的审计程序。

③未对异常的审计证据保持合理的怀疑。

中天运未对获取的异常的审计证据保持合理的怀疑。具体情形如下：第一，未对纳税申报资料的异常情况保持合理怀疑。中天运取得的 2013 年度至 2015 年度胜通钢帘线的增值税纳税申报表、所得税纳税申报表为胜通集团伪造的纳税申报表。中天运未充分关注未见纳税鉴证报告、纳税申报表存在日期、内容、格式、签字、盖章等异常情况，且未见中天运将企业提供的资料与企业报税系统数据进行比对的审计过程。第二，未对销售合同的异常情况保持合理怀疑。中天运未充分关注销售合同中客户名称及印章的异常情况。胜通化工账套中客户名称、胜通化工 2014 年度和 2015 年度主营业务收入实质性测试审计底稿中山东赛托生物科技股份有限公司（以下简称赛托生物）合同中印章均为“菏泽塞托生物科技有限公司”，经查系“塞”字存在错误，名称应为“菏泽赛托生物科技有限公司”。2010年1月19日至2014年10月16日，赛托生物曾用名为“菏泽赛托生物科技有限公司”，后更名为“山东赛托生物科技股份有限公司”，推定公司印章同步进行更换。审计底稿中客户印章存在明显异常。第三，未对销售发票的异常情况保持合理怀疑。胜通钢帘线2013年度审计工作底稿中，中天运抽取了胜通钢帘线对好友轮胎有限公司开具的增值税专用发票共计19张，合计金额为16 581万元，远大于2013年度胜通钢帘线对好友轮胎有限公司的真实销售收入632.85万元，且存在将销售发票的收票人地址“河南省焦作市”写成“河北省焦作市”的情况。

三、思考与讨论

1.分析程序有哪些具体的分析方法？本案例中提及的产能分析、客户采购数据与本公司销售数据对比分析、可比公司销售均价对比分析分别运用了哪种分析方法？

2.举例说明与收入相关的分析程序。

3.大数据审计环境下，试论述如何提高分析程序实施的效率与效果。

第18章

函证：胜利精密审计案例

一、案例背景

2022年10月，天衡会计师事务所（特殊普通合伙）（以下简称“天衡所”）因在苏州胜利精密制造科技股份有限公司（以下简称“胜利精密”）2016年、2017年年报审计中函证程序出现重大缺陷，被中国证监会予以处罚。中国证监会责令其改正，没收业务收入457.55万元，并处以457.55万元罚款；对签字注册会计师谈某忠给予警告，并处以5万元罚款，对签字注册会计师谢某彬给予警告，并处以3万元罚款。

附件一　中国证监会行政处罚决定书（胜利精密及相关责任人员）

附件二　中国证监会行政处罚决定书（天衡所、谈某忠、谢某彬）

二、被审计单位的基本情况及主要的会计问题

1. 被审计单位的基本情况

苏州胜利精密制造科技股份有限公司是经江苏省苏州工商行政管理局批准设立的股份有限公司，公司前身苏州胜利精密制造有限公司成立于2003年12月5日。公司主要经营范围是研发、生产、销售：冲压件、金属结构件、模具、五金配件、低压电器、注

塑件、喷涂、触摸屏、减反射镀膜玻璃；研发、销售：玻璃制品、铝合金零部件、液晶显示模组、电子元器件、油墨、涂料、通信产品、计算机软硬件、计算系统集成产品、数码产品、机电设备及配件、物流设备、电脑及周边产品、（电动、气动和手动）工具、量具；销售：金属材料、塑料材料、电子产品、产品说明书；自营和代理各类商品的进出口业务。公司于 2010 年在深圳交易所上市（股票代码：002426），在中国、波兰、日本等地拥有多家全资、控股和参股子公司，多年位列苏州百强民企，2016—2020 年名列中国民营企业（制造业）500 强。

2. 主要的会计问题

2016 年至 2018 年，胜利精密通过利用纳入合并会计报表的全资子公司智诚光学进行财务造假。2016 年至 2018 年，智诚光学通过虚增营业收入、虚减营业成本，虚增合并报表利润总额 65 408.44 万元。其中，2016 年，虚增利润总额 30 803.73 万元，占胜利精密当期披露合并利润表的利润总额 56 609.51 万元的 54.41％；2017 年，虚增利润总额 29 811.49 万元，占胜利精密当期披露合并利润表的利润总额 63 219.20 万元的 47.16％；2018 年，虚增利润总额 4 793.22 万元，占胜利精密当期披露合并利润表的利润总额－73 597.19 万元的绝对值的 6.51％。

（1）虚增营业收入。

2016 年至 2018 年，胜利精密全资子公司智诚光学通过虚开主营产品销售发票、虚假销售原材料，虚增营业收入，导致胜利精密 2016 年年度报告、2017 年年度报告、2018 年年度报告共虚增营业收入 43 694.08 万元。其中，2016 年，虚增营业收入 17 452.51 万元；2017 年，虚增营业收入 15 194.89 万元；2018 年，虚增营业收入 11 046.69 万元。

（2）虚减营业成本。

2016 年至 2018 年，胜利精密全资子公司智诚光学通过不及时入账原材料等方式，虚减营业成本 22 347.83 万元。其中，2016 年虚减营业成本 3 779.83 万元；2017 年，虚减营业成本 14 690.86 万元；2018 年，虚减营业成本 3 877.14 万元。

三、审计机构的基本情况及主要的审计问题

1. 审计机构的基本情况

天衡会计师事务所的发展历史可以追溯到 20 世纪 80 年代。1985 年 10 月，江苏省

财政厅创建江苏会计师事务所。1999 年 1 月 6 日，江苏会计师事务所整体改制为江苏天衡会计师事务所有限公司。2006 年至 2008 年，天衡所与宁波国信联合会计师事务所、苏州开诚会计师事务所、无锡普信会计师事务所合并为天衡会计师事务所（特殊普通合伙）。在 30 多年的发展历程中，天衡所伴随着中国经济一起发展，伴随着客户一起成长。经过几代人的努力，天衡所已经发展成为拥有十多家分所的综合性会计师事务所。中国注册会计师协会发布的《2021 年度会计师事务所综合评价百家排名信息》通告中，天衡所 2021 年度实现业务收入 6.56 亿元，有注册会计师 379 人，综合排名第 17 位。

2. 主要的审计问题

（1）函证内容不完整。

天衡所对智诚光学与其第一大供应商 Corning Specialty Materials Incorporated（以下简称“康宁”）的往来款审定金额为应付账款 56 111 632.54 元，预付账款 32 117 682.76 元，但天衡所仅函证应付账款，未函证预付账款，仅在康宁函证中“欠贵公司”一列填写具体金额，未在“贵公司欠”一列填列内容。天衡所未函证的预付账款金额超过胜利精密集团审计和智诚光学审计实际执行的重要性水平。

（2）函证控制缺失。

天衡所对信利光电回函的可靠性未保持有效的控制。2016 年，天衡所对信利光电的发函金额为 171 595 357.21 元，占智诚光学应收账款发函总额的 61%，超过 2016 年胜利精密集团审计和智诚光学审计实际执行的重要性水平。在未收到信利光电回函原件的情况下，审计人员将智诚光学财务经理通过社交软件发送的扫描件作为回函结果予以确认，并将该扫描件的打印件作为审计证据留存在底稿中。信利光电函证经由被审计单位人员提交，且并非原件，审计证据可靠性低，审计底稿中也未见对此异常情况的说明。

（3）未执行有效的替代性测试。

2017 年审计中，天衡所向智诚光学的 7 家客户发出应收账款函证，仅收到 2 家回函，回函金额仅占发函金额的 11.34%，信利光电等主要客户均未回函。其中，信利光电 2017 年度应收账款审定金额为 197 314 259.97 元，占智诚光学应收账款审定金额的 51.58%，超过 2017 年胜利精密集团审计和智诚光学审计实际执行的重要性水平。天衡所未充分关注应收账款回函率低及主要客户未回函存在的风险，仅以替代测试结果作为审计证据确认销售收入发生额，且替代性测试审计程序执行中，或未获取相关的销售凭证，或获取的销售发票及送货单存在不符情形。例如，在应收账款替代测试程序中，天衡所抽取了部分凭证及附件，然而底稿中销售凭证的附件缺失。又如，天衡所抽取收入凭证，查验发票、送货单和采购订单中的品名、数量、单价、金额等是否一致，存在销售发票及送货单存在产品型号不符情形。

此外，天衡所对智诚光学与康宁往来款的审定金额为应付账款 14 601 643.64 元（暂估），预付账款为 24 253 585.21 元。天衡所未取得康宁回函，仅执行替代性测试。在应付账款及预付账款替代测试底稿中仅见“康宁采购明细”表，未见采购合同、报关单、发票等单据，也未见支持应付账款暂估入账逻辑的审计证据和审计说明。

四、思考与讨论

1. 试论述注册会计师如何保证函证全过程的控制。
2. 函证应收账款未收到回函，注册会计师可以实施哪些替代审计程序？
3. 讨论函证信息化的优势与挑战。

第 19 章

截止性测试：科融环境审计案例

一、案例背景

上市公司财务造假手段层出不穷，雄安科融环境科技股份有限公司（以下简称“科融环境”）的财务造假手段可谓“直截了当”，通过涂改 2013—2016 年签订的设备买卖合同中的项目调试报告日期来虚增 2017 年利润。年报审计机构亚太（集团）会计师事务所（特殊普通合伙）（以下简称“亚太所”）因未能识别科融环境财务造假，被中国证监会予以行政处罚。中国证监会对亚太所责令改正，没收业务收入 60 万元，并处以 60 万元罚款；对两名签字注册会计师吴某权、周某华给予警告，并分别处以 5 万元罚款。

附件一　中国证监会行政处罚决定书（亚太所、吴某权、周某华）

附件二　中国证监会行政处罚决定书（科融环境、毛某丽、毛某亮、李某义、李某光）

二、审计机构的基本情况及主要的审计问题

1. 审计机构的基本情况

亚太（集团）会计师事务所前身是河南省财务会计咨询公司；1993 年，河南会计

师事务所更名为亚太会计师事务所；1994 年，经财政部、中国证监会批准成为首批取得证券、期货相关业务许可的事务所；2001 年，根据《国务院办公厅转发国务院清理整顿经济鉴证类社会中介机构领导小组关于经济鉴证类社会中介机构与政府部门实行脱钩改制意见的通知》（国办发〔2000〕51 号）的要求，整体改制为“亚太（集团）会计师事务所有限公司”；2009 年，为适应经济发展，扩大服务范围，亚太（集团）会计师事务所有限公司迁址北京；2013 年进一步转制为亚太（集团）会计师事务所（特殊普通合伙）。中国注册会计师协会发布的《2021 年度会计师事务所综合评价百家排名信息》通告中，亚太所 2021 年度实现业务收入 10.04 亿元，有注册会计师 555 人，综合排名第 18 位。

2. 主要的审计问题

（1）风险评估程序存在缺陷。

亚太所未基于收入确认存在舞弊风险的假定开展审计工作，在发现高毛利项目异常、临近资产负债表日收入显著增加等异常情形后，未进一步执行舞弊风险评估和应对程序，导致其未发现科融环境涂改调试报告日期虚增 2017 年收入和利润的行为。且亚太所没有识别、评估和应对舞弊导致的重大错报风险的审计底稿。

（2）控制测试未有效执行。

科融环境收入确认基本方法有发货确认收入和调试确认收入两种，根据合同约定分别在发货、调试时点分阶段确认相应比例的收入。2017 年，科融环境本部发货确认收入 200 799 437.72 元，调试确认收入 38 892 172.08 元，调试部分占比 16.23%，调试与发货确认收入涉及的业务流程和内部控制环节存在显著差异。亚太所《控制测试-销售与收款测试》审计底稿中，只选取发货确认收入作为测试样本，未覆盖调试确认收入的业务类型，无法整体评价科融环境收入确认内部控制的有效性，特别是调试确认收入的相关内部控制的有效性。

（3）实质性程序未有效执行。

①截止测试未有效执行。

亚太所在《科融环境审计策略备忘录》中计划对截至 2017 年 12 月 31 日的收入进行截止性测试，确保收入的真实、完整，但实际执行过程中选取样本随意、未发现收入确认依据异常、未对调试确认收入单独进行截止性测试，从而导致收入截止性测试未能有效执行，进而未能发现科融环境涂改调试报告日期虚增 2017 年收入和利润的行为。具体情况如下：一是选取样本随意。亚太所 2017 年审计底稿中制定的收入截止性测试步骤为“抽取截止日前后 10 张凭证追查至发货单”，但索引表显示亚太所在截止日期前未连续选取凭证，在截止日期后仅选取 3 笔凭证且不连续，测试过程随意。二是未发现收入确认依据异常。亚太所截止性测试抽取了 2017 年 12 月 523、645、650 号记账凭证，但对于收入确认依据仅为科融环境自制的收入确认表、未附经签字确认的调试报告等异常现象未保持警觉，未核对调试报告等原始业务凭证。三是未对调试确认收入单独进行截止性测试。科融环境发货和调试确认收入时点分别为发货日期和调试日期，相应的原始凭证分别为发货单和调试报告，二者业务流程存在显著差别。亚太所未区分两种收入类型进行截止性测试，仅针对发货收入进行截止性测试，未对调试收入进行截止性测试，测试范围不全面，未发现科融环境涂改调试报告日期虚增 2017 年收入和利润的行为。

②分析程序未有效执行。

在执行收入分析程序时，亚太所审计底稿《毛利较高-收入确认依据及 15 年前项目合同表》中已标注出多个项目存在毛利率高达 95%以上的异常情况，同时，亚太所审计底稿记录科融环境 2017 年 12 月确认收入占全年的比重达 21.11%，临近资产负债表日的销售收入显著增加。针对上述分析程序中的异常情况，亚太所未有效执行符合性测试和实质性测试审计程序，未评估异常项目对审计意见的影响。

三、思考与讨论

1. 举例说明哪些项目需要实施截止性测试。
2. 简要论述收入截止性测试的路径及可证实的审计目标。
3. 本案例中科融环境发货确认收入与调试确认收入的截止性测试有何不同？

第20章

监盘：抚顺特钢审计案例

一、案例背景

东北特大型国有企业抚顺特殊钢股份有限公司（以下简称“抚顺特钢”），连续8年财务造假，虚增利润近20亿元，虚增资产40亿元。年报审计机构中准会计师事务所（特殊普通合伙）（以下简称“中准所”）因审计报告连续7年存在虚假记载，被中国证监会予以行政处罚。中国证监会对中准所责令改正，没收其对抚顺特钢2010年至2016年年报审计业务收入363万元，并处以1 089万元罚款；对签字注册会计师臧某盛、董某给予警告，并分别处以7万元罚款。

附件　中国证监会行政处罚决定书（中准会计师事务所、臧某盛、董某）

二、审计机构的基本情况及主要的审计问题

1. 审计机构的基本情况

中准会计师事务所（特殊普通合伙）原名中准会计师事务所有限公司，1996年

3月由财政部批准设立，于2013年10月11日经北京市财政局批准转制为中准会计师事务所（特殊普通合伙）。中准所是首批取得财政部、证监会证券期货相关业务许可证的事务所。中准所一直是全国百强会计师事务所，在中国注册会计师协会发布的《2021年度会计师事务所综合评价百家排名信息》通告中，中准所2021年度实现业务收入2亿元，有注册会计师268人，综合排名第47位。

2. 主要的审计问题

（1）存货审计程序存在缺陷。

①存货监盘程序执行不到位。

中准所涉案审计工作底稿显示，其关于抚顺特钢2010年至2016年年度报告的审计程序中未充分、适当地设计和执行存货监盘程序，未根据抚顺特钢存货的特点、盘存制度和存货内部控制有效性设计和执行具体的存货监盘程序，且审计工作底稿中缺少按照审计准则规定设计和执行存货监盘程序的证据。具体情形如下：2010年至2012年年度报告的审计工作底稿中缺少抽盘表、监盘小结等监盘结论性记录、盘点日前后存货收发及移动相关凭证的审计记录、对盘点日和资产负债表日之间的存货情况实施何种审计程序的记录等；2010年至2011年年度报告审计工作底稿中的存货监盘部分缺少“从存货盘点记录中选取项目追查至存货实物，以及从存货实物中选取项目追查至盘点记录”的证据；2013年至2014年年度报告的审计工作底稿存在存货抽盘表无相关人员签字、缺少监盘小结等监盘结论性记录等；2016年年度报告的审计工作底稿缺少实物监盘单位与账面数量单位转换过程的记录等。2010年至2016年年度报告的审计工作底稿缺少了解存货内容、性质、各存货项目的重要程度及存放场所的记录、仓库清单或存放地点清单方面的记录、对库龄较长的存货予以关注的记录、了解被审计单位存货盘存制度及盘点计划的记录等，且缺少对盘点计划进行复核和评价的审计证据。

②存货分析程序执行不到位。

2010年至2016年年度报告审计工作中，中准所存在多处存货分析程序执行不到位的情况，如未分析产成品单位成本波动合理性及原因，无分析过程及确定的期望值即得出“单位成本的波动是合理的”的审计结论；《存货分析性复核》表中只列示有关基础数据，无分析过程及确定的合理范围即得出“未见异常”的审计结论，其中记录最近3年的存货周转天数波动较大，注册会计师审计师未予进一步分析说明；对生产成本发生额的分析仅列示了明细账月度发生额，未执行程序表所述“比较本年度各个月份的生产成本项目”等程序；未对从被审计单位取得的《成本计算单》等审计证据执行检查及重新计算等程序，而直接将其纳入审计工作底稿。2011 年、2013 年、2014 年、2015 年年度报告审计工作中，在比较当年度及以前年度主要产品的单位产品成本后，未对大额差额作进一步了解。

③存货减值测试程序执行不到位。

2010 年至 2011 年、2013 年至 2016 年年度报告审计工作中，中准所缺少对全部在产品及原材料的减值测试过程进行审计的工作底稿。

（2）营业成本审计程序存在缺陷。

①营业成本分析程序执行不到位。

2015 年年度报告的审计工作底稿主营业务月度毛利率分析表、主营业务月度毛利率分析表计算有误，主营业务成本较其他月份波动较大，中准所未执行进一步审计程序；2016 年年度报告的审计工作中，比较当年度及以前年度主要产品的单位产品成本后，中准所未对大额差额进一步了解，对于主营业务月度毛利率分析表中毛利率大幅上升的异常情形，未执行进一步的审计程序，且未按审计计划执行比较当年度与以前年度相同品种产品的主营业务成本和毛利率的审计程序。此外，毛利分析表存在 3 月和 12 月主营业务成本与上年同期相比波动较大的情况下，未执行进一步的审计程序，即得出“与上期相比，毛利率变动不大”的审计结论。

②营业成本结转审计程序执行不到位。

2010 年至 2016 年年度报告审计工作底稿显示，抚顺特钢 2010 年至 2016 年存在个别原材料期末余额较大及频繁大额结转的情形，中准所审计工作底稿中无相应分析或证据核实该事项的合理性，未对上述情况予以关注，也未实施必要的审计程序。同时，中准所在将存货、营业成本识别为存在重大错报风险的情况下，使用被审计单位生成的信息时，在审计工作底稿中缺少验证产品成本计算过程内容，缺少对成本分配标准的合理性和一贯性进行记录或分析。

2011 年和 2016 年年度报告审计工作中，中准所未执行计划实施的营业成本相关的审计程序：比较当年度及以前年度不同品种产品的主营业务成本和毛利率，并查明异常情况的原因；比较当年度与以前年度各月主营业务成本的波动趋势，并查明异常情况的原因等。

（3）在建工程、固定资产审计程序存在缺陷。

中准所关于抚顺特钢 2013 年至 2015 年年度报告审计工作中未按照审计准则规定对抚顺特钢在建工程增加、固定资产增加进行充分的核查，导致在在建工程、固定资产增加检查中审计抽样失效，审计工作底稿中获取的审计证据不充分。同时，其关于 2013

年至 2014 年年度报告审计工作中未对底稿中记录的预算与实际执行出现较大差异的工程项目合理性执行进一步审计程序；其关于抚顺特钢 2014 年年度报告审计工作中未按计划在在建工程和固定资产审计中执行核对发票等审计程序。

三、思考与讨论

1. 从存货盘点记录中选取项目追查至存货实物可以证实存货何种认定？从存货实物中选取项目追查至盘点记录可以证实存货何种认定？

2. 请简要论述存货监盘工作的审计程序。

3. 针对库龄较长的存货，注册会计师应关注何种重大错报风险？可以实施哪些审计程序应对？

第三篇　特殊项目审计专题案例

第21章

关联方审计：参仙源审计案例

一、案例背景

辽宁参仙源参业股份有限公司（以下简称“参仙源”）通过少计成本、价格不公允的关联交易方式，虚增利润1.29亿余元，以致信息披露严重违法违规。2016年6月30日中国证监会对参仙源、于某波、李某文等责任人员作出了行政处罚决定（〔2016〕83号），责令参仙源改正，给予警告，并处以60万元顶格罚款；对公司董事长于某波、总经理李某文给予警告，并分别处以30万元罚款；对财务总监赵某颖给予警告，并处以10万元罚款；对其他相关人员肖某、吴某莉、蒋某给予警告，并分别处以5万元罚款。参仙源案是新三板领域证监会查处的首个财务造假案例。证监会表示将不断加大对新三板违法违规行为的查处力度，以有效的监管维护新三板市场的长期健康发展。

附件 中国证监会行政处罚决定书（参仙源参业股份有限公司、于某波、李某文等7名责任人员）

二、被审计单位的基本情况及主要的会计问题

1. 被审计单位的基本情况

辽宁参仙源参业股份有限公司成立于2006年12月，位于辽宁省丹东市宽甸满族自

治县，前身为辽宁碧水林业发展有限公司，2014年改制后更名为参仙源参业股份有限公司，注册资本10 040万元，评估净资产达70亿元，是由碧水集团控股的稀缺生物资源型企业，股权结构图如图21-1所示。

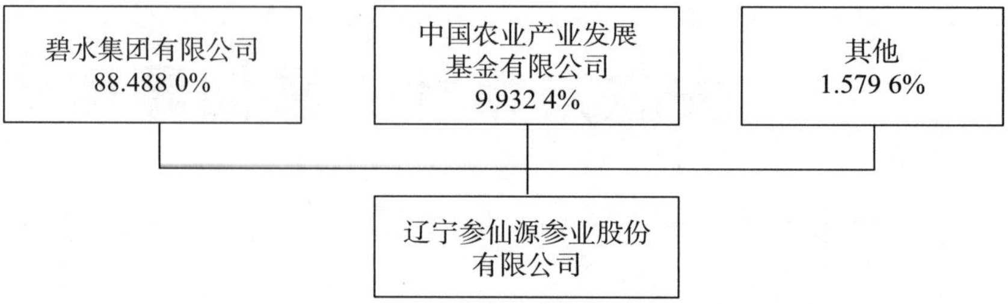

图21-1　参仙源股权结构图

参仙源秉承“高效快捷、创造价值”的经营理念，坚持新型集约化、规模化农业产业发展模式，致力于成为国内规模最大、实力最强的野山参产业龙头企业。公司以稀缺资源野山参为核心，定位保健品、护肤品两大产业，致力于打造集基地、生产、科研、营销于一体的全产业链模式。公司现已与国内外多家行业领先的科研机构建立合作关系，专注野山参功效的研究及产品的开发，以“天桥沟”牌野山参为原材料的“参仙源”牌高科技野山参系列产品已陆续上市。

2. 主要的会计问题

2014年12月8日，参仙源在全国中小企业股份转让系统挂牌，其在《公开转让说明书》中披露了虚增的2013年利润。具体情况如下：2013年参仙源通过少计成本的方式虚增利润55 382 210元，通过不公允的价格关联交易虚增收入从而虚增利润73 729 327元，合计虚增利润129 111 537元。

（1）数据分析。

①虚构人参抚育协议少计成本。

参仙源在2013年与仲某同、佳业山货庄签订多份人参抚育协议（见表21-1），支付金额55 382 210元，但上述款项的实际用途为购买由仲某同、佳业山货庄联系货源的野山参。其中，由仲某同联系购买的野山参整参80 064支，每支400元；碎参4 708.75斤，每斤1 000元，共计36 734 350元。由佳业山货庄联系购买的野山参整参46 016支，每支390元；碎参701.62斤，每斤1 000元，共计18 647 860元。两者合计整参126 080支，碎参5 410.37斤，金额55 382 210元。参仙源通过虚构协议，将上述外购野山参的成本55 382 210元以支付人参抚育费的名义支付给佳业山货庄和仲某同等人，计入了“管理费用”，后该笔“管理费用”被调整至“生产性生物资产”科目。最终销售时，参仙源未对外购野山参的成本进行结转，少计成本55 382 210元，虚增利润55 382 210元。

表21-1　参仙源重大业务协议

序号	合同单位	签订时间	协议类型	合同内容	进展状况
1	辽宁参仙源酒业有限公司	2012年12月	销售野山参协议	供应数量：每年不超过100万棵 销售单价：销售单价为800元/棵碎参销售单价：2 000元/斤 协议有效期为三年	正在履行
2	宽甸满族自治县城镇佳业山货庄	2013年7月	采购人参种子协议	供应商必须提供本地人参（野山参或趴货）10年生以上采的人参种子，保证种子成熟度，无青果、无吊干、无杂质、无霉变，种子价格随行就市，供应商提供发票	履行完毕
3	张某成	2013年7月	采购人参种子协议		
4	郭某义	2013年7月	采购人参种子协议		
5	徐某贤	2013年7月	采购人参种子协议		
6	徐某钢	2013年1月	森林抚育协议	公司将天桥沟面积38 745亩的中幼龄林抚育委托给对方，作业金额每亩300元	履行完毕
7	徐某钢	2013年1月	森林抚育协议	公司将亮台子沟面积21 219亩的中幼龄林抚育委托给对方，作业金额每亩300元	履行完毕
8	徐某钢	2013年1月	森林抚育协议	公司将大西岔临江面积5 376亩的中幼龄林抚育委托给对方，作业金额每亩300元	履行完毕
9	仲某同	2013年1月	森林抚育协议	公司将大佛爷沟面积11 717亩的中幼龄林抚育委托给对方，作业金额每亩300元	履行完毕
10	崔某田	2013年1月	森林抚育协议	公司将大佛爷沟面积1 600亩的中幼龄林抚育委托给对方，作业金额每亩300元	履行完毕
11	仲某同	2013年1月	野山参管理作业协议	公司将天桥沟、亮台子沟、大佛爷沟、大西岔的30 700亩的中幼龄林抚育委托给对方，作业金额每亩1 100元	履行完毕

资料来源：根据参仙源参业股份有限公司2014年公布的《公开转让说明书》整理。

②利用关联方交易虚增收入。

参仙源与辽宁参仙源酒业有限公司（以下简称“参仙源酒业”）于2012年12月15日签订购销协议，就参仙源长期向参仙源酒业供应野山参达成3年有效期协议，明确了每年向参仙源酒业供应不超过100万棵野山参，销售单价为整参800元/棵，碎参2 000元/斤。

该合同签订之时，参仙源和参仙源酒业同受北京碧水投资有限公司（以下简称“碧水投资”）控制，两家公司的法定代表人同为于某波，同时于某波还是碧水投资的董事长。2013年7月1日，碧水投资持有的参仙源酒业股份由100%变为49%（北大国际医院集团有限公司持股51%），参仙源总经理由碧水投资实际控制人于某波担任，依旧对参仙源酒业施加重大影响。2014年11月1日碧水投资恢复持有参仙源酒业的100%股份。根据《企业会计准则第36号——关联方披露》的第三条“两方或两方以上同受一方控制、共同控制或重大影响的，构成关联方”和第四条“（十）该企业主要投资者个人、关键管理人员或与其关系密切的家庭成员控制、共同控制或施加重大影响的其他企业”的规定，2013年参仙源与参仙源酒业构成关联方，两者之间的交易构成关联交易，关联方图见图21-2。

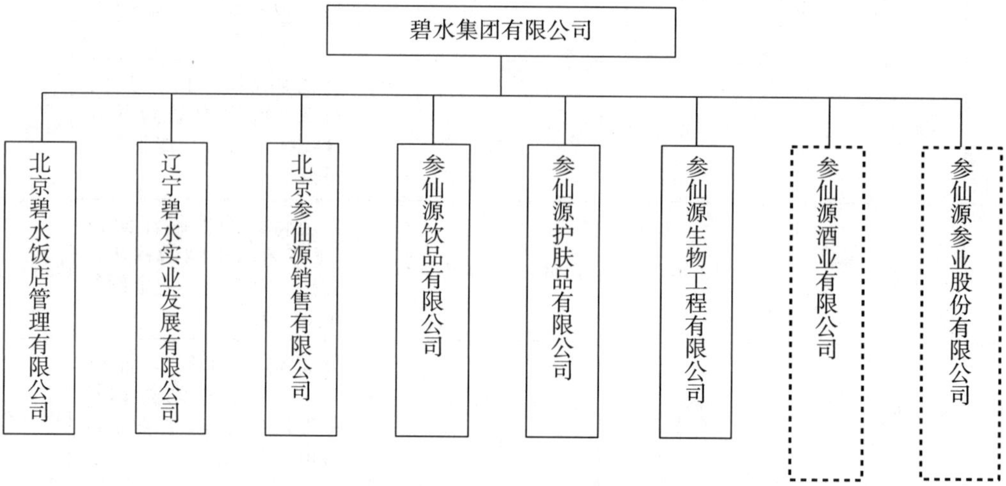

图21-2　参仙源关联方图

参仙源《公开转让说明书》中，2013年度参仙源按照整参每支800元，碎参每斤2 000元的价格确认了对参仙源酒业的销售收入141 582 800元，占全年主营业务收入的71.62%，成本为11 236 681.71元，毛利率高达92.06%，主营业务收入构成表见表21-2。此外，《公开转让说明书》中还披露了公司的主营产品主要基于公司自有野山参的综合开发和深加工，所采购的原材料主要是人参种子，而实际上公司销售的并非自产野山参，绝大部分为向仲某同、佳业山货庄外购的野山参。对比参仙源采购野山参的市场价（整参每支约 400 元，碎参每斤约 1 000 元），其销售给参仙源酒业的野山参销售价格（整参每支约 800 元，碎参每斤约 2 000 元）高出采购成本近一倍，销售价格虚高、不公允。根据《企业会计准则第 14 号——收入》第五条第一款“企业应当按照从购货方已收或应收的合同或协议价款确定销售商品收入金额，但已收或应收的合同或协议价款不公允的除外”的规定，参仙源价格不公允部分的收入不应被确认为收入。参仙源可确认收入实际为 67 839 473 元，参仙源利用关联交易虚增收入 73 729 327.00 元，导致虚增利润 73 729 327 元。

表 21-2　主营业务收入构成表　　单位：元

项目	2013 年度				
	收入	比例	毛利	毛利贡献率	毛利率
野山参销售	141 582 800.00	71.62%	130 346 118.29	91.35%	92.06%
住宅销售	44 885 440.00	22.70%	5 925 533.67	4.15%	13.20%
会所收入	6 803 400.28	3.44%	5 173 697.34	3.63%	76.05%
森林公园收入	4 287 425.00	2.17%	1 652 492.79	1.16%	38.54%
滑雪场收入	139 199.00	0.07%	−410 110.22	−0.29%	−294.62%
合计	197 698 264.28	100.00%	142 687 731.87	100.00%	72.17%

资料来源：根据参仙源参业股份有限公司 2014 年公布的《公开转让说明书》整理。

（2）造假手段。

参仙源虚构人参抚育协议，从而实现隐匿采购成本、混淆人参种子与成品野山参的不法目的。同时，公司通过虚构野山参种植、加工过程的方法，并利用关联方交易将外购野山参作为自挖野山参，以不公允的内部转移价格销售，导致《公开转让说明书》中披露的与主营业务相关的采购原材料种类、种植工艺流程、产品成本等各项重要内容存在虚假，少计成本 55 382 210 元，虚增收入 73 729 327 元，如图 21-3 所示。

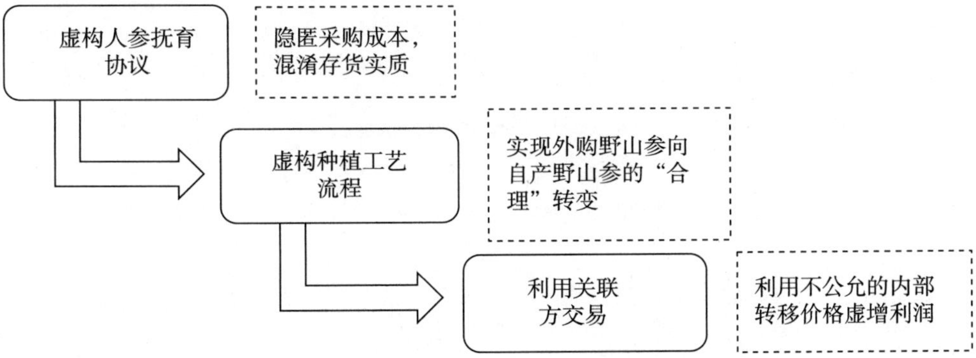

图 21-3　造假流程图

三、思考与讨论

1. 请举例说明何为关联方。

2. 关联方及其交易舞弊的主要手段有哪些？

3. 针对关联方交易内部转移定价的重大错报风险，注册会计师主要实施哪些审计程序应对？

第22章

持续经营审计：厦华电子审计案例

一、案例背景

2022年6月23日，厦门华侨电子股份有限公司（以下简称“厦华电子”）发布公告称，公司股票将于2022年6月30日被上海证券交易所予以摘牌。厦华电子，昔日驰名的彩电巨头，却因丧失主营业务而退市。因不服上海证券交易所（“以下简称上交所”）作出的终止上市决定，厦华电子向上海金融法院提起行政诉讼。厦华电子诉称，2018年以来厦华电子即以农产品进口为主营业务，在2021年度相应营业收入核查中，应当被认定为主要营业收入，上交所根据审计机构专项审核意见认定厦华电子营业收入为0，并据此作出《终止上市决定》，属于认定事实不清。厦华电子2021年年报审计机构尤尼泰振青会计师事务所（特殊普通合伙）（以下简称“尤尼所”）于2022年4月29日发布了《关于对厦门华侨电子股份有限公司2021年度营业收入扣除情况的专项核查意见》，意见中指出厦华电子本年度从事“进口冻牛肉”业务所产生的营业收入13 394.56万元，属于与主营业务无关的业务收入，营业收入扣除后金额为0。原因在于厦华电子的“进口冻牛肉”业务主要发生于2021年下半年，且该项业务受国际国内经济形势、客户的来源及复购率、供应商的依赖程度及资金的来源等因素的影响较大，未来业务拓展可能存在不确定性。上交所认为，厦华电子披露的定期报告和问询回复公告显示，其2021年下半年开展的进口冻牛肉业务尚未形成稳定业务模式，扣除与主营业务无关的业务收入和不具备商业实质的收入后的营业收入金额为0。2022年9月9日，上海金融法院作出一审判决，认为上交所认定事实清楚、适用法律正确、程序正当，驳回了原告厦华电子的诉讼请求。

附件一　厦门华侨电子股份有限公司关于公司增加经营范围的公告

附件二　审计报告

二、被审计单位的基本情况及主要的会计问题

1. 公司简介

厦门华侨电子股份有限公司由厦门华侨电子企业有限公司、厦门经济特区华夏集团、厦门市电子器材公司发起设立，于 1995 年 1 月成立，主营业务为彩电及配件销售。受行业需求增长放缓、主营产品平均价格大幅下跌等多重因素影响，2011 年以来，厦华电子日常经营陷入困难，财务面临风险。2011 年、2012 年和 2013 年度，公司扣除非经常性损益的归属母公司的净利润分别为－2 996.60 万元、－5 298.63 万元和－43 584.05 万元，截至 2013 年 12 月 31 日，公司资产负债率高达 98.74%。综合分析公司所处行业的发展前景和资产负债及实际经营情况，公司决定对资产、负债和人员进行必要的清理，以减轻经营负担，降低财务风险，从而尽快实现业务转型。基于上述原因，公司在完成原有订单后，于 2014 年 4 月 1 日起停止彩电生产，即主营业务彩电及配件销售基本停顿。

从 2013 年开始，厦华电子就开始寻求业务转型，2014 年彻底地抛弃了原有的主营彩电业务。为向互联网行业转型，厦华电子 2015 年至 2016 年筹划了 4 次重组，均以失败告终。2017 年，厦华电子又企图向光学产业转型，拟收购福建福光股份有限公司部分股权，遗憾的是重组还是未能成功。2020 年 6 月，厦华电子又开启了新的业务转型征程，拟与汉义生物科技（北京）有限公司共同投资设立合资公司，主营生物技术开发、技术咨询、技术服务、技术转让。不过重组还是失败了。

2. 经营范围变更情况

厦华电子可谓资本市场的“斜杠青年”。然而，“斜杠青年”这条路，厦华电子走得坚定又艰辛。为寻求业务转型，2013 年至 2021 年，厦华电子连续四次变更了公司经营范围（见表 22－1）。目前公司主营贸易业务，包括计算机、软件及辅助设备生产、批发

和零售；还包括农牧产品、非金属及制品批发，金属及金属矿批发，黄金及白银现货销售，进出口贸易，水产品批发、肉、禽、蛋批发，水产品零售等。厦华电子 2021 年财务报表显示，公司的主要业务是农产品供应链管理业务，主要产品为肉类，包括进口冻牛肉、进口冻猪肉和国内鲜牛肉。2021 年冻肉业务营收 1.35 亿元，占公司总营收的比例接近 90%。业界戏称，昔日“彩电大王”竟沦落到主营卖肉。

表 22-1　经营范围变更表

变更时间	经营范围
2013 年 3 月 7 日	一、各类计算机、通信和其他电子设备及其相关的五金注塑件、模具等基础配套零部件的开发、生产制造； 二、公司自产产品的维修及销售服务（零售业务仅限分支机构经营）； 三、经营各类计算机、通信和其他电子设备等的进出口批发； 四、信息家电产品、技术开发及转让、技术咨询和技术服务； 五、计算机软件开发、应用； 六、税控收款机、税控打印机、税控器、银税一体机的开发、生产、销售及服务
2017 年 2 月 27 日	一、各类计算机、通信和其他电子设备及其相关的五金注塑件、模具等基础配套零部件的开发、生产制造； 二、公司自产产品的维修及销售服务（零售业务仅限分支机构经营）； 三、经营各类计算机、通信和其他电子设备等的进出口批发； 四、信息家电产品、技术开发及转让、技术咨询和技术服务； 五、计算机软件开发、应用； 六、税控收款机、税控打印机、税控器、银税一体机的开发、生产、销售及服务； 七、家用电器批发，电气设备批发，计算机、软件及辅助设备批发，通信及广播电视设备批发，其他机械设备及电子产品批发； 八、文具用品批发； 九、其他文化用品批发； 十、商务信息咨询，企业管理咨询，投资咨询（法律、法规另有规定除外），投资管理咨询（法律、法规另有规定除外）； 十一、信息技术咨询服务，数据处理和存储服务，数字内容服务
2017 年 4 月 27 日	计算机整机制造；计算机零部件制造；计算机外围设备制造；其他计算机制造；通信系统设备制造；通信终端设备制造；其他电子设备制造；模具制造；软件开发；集成电路设计；金属制品修理；通用设备修理；其他家用电力器具制造；家用电器批发；电气设备批发；计算机、软件及辅助设备批发；通信及广播电视设备批发；其他机械设备及电子产品批发；文具用品批发；其他文化用品批发；商务信息咨询；企业管理咨询；投资咨询（法律、法规另有规定除外）；投资管理咨询（法律、法规另有规定除外）；信息技术咨询服务；数据处理和存储服务；数字内容服务
2019 年 1 月 8 日	计算机整机制造；计算机零部件制造；计算机外围设备制造；其他计算机制造；通信系统设备制造；通信终端设备制造；其他电子设备制造；软件开发；集成电路设计；金属制品修理；通用设备修理；其他家用电力器具制造；家用电器批发；电气设备批发；计算机、软件及辅助设备批发；通讯及广播电视设备批发；其他机械设备及电子产品批发；文具用品批发；其他文化用品批发；商务信息咨询；企业管理咨询；投资咨询（法律、法规另有规定除外）；投资管理咨询（法律、法规另有规定除外）；信息技术咨询服务；数据处理和存储服务；数字内容服务；计算机、软件及辅助设备零售；通信设备零售；信息系统集成服务；其他未列明批发业（不含需经许可审批的经营项目）；谷物、豆及薯类批发；其他农牧产品批发；非金属矿及制品批发（不含危险化学品和监控化学品）；石油制品批发（不含成品油、危险化学品和监控化学品）；其他化工产品批发（不含危险化学品和监控化学品）；金属及金属矿批发（不含危险化学品和监控化学品）；饲

续表

变更时间	经营范围
2019年1月8日	料批发；体育用品及器材零售（不含弩）；其他文化用品零售；水产品批发；肉、禽、蛋批发；水产品零售；企业总部管理；黄金现货销售；白银现货销售。棉、麻批发；纺织品、针织品及原料批发；经营各类商品和技术的进出口（不另附进出口商品目录），但国家限定公司经营或禁止进出口的商品及技术除外；机器人及智能设备的设计、研发、制造及销售（不含须经许可审批的项目）；其他未列明预包装食品批发（含冷藏冷冻食品）；其他未列明散装食品批发（含冷藏冷冻食品）

3. 持续经营能力情况

由于主营业务可持续性存在较大的不确定性，表明公司持续经营能力存在重大不确定性，厦华电子2022年退市前连续九年被审计机构出具非标准审计意见（见表22-2）。

表22-2　2013年—2021年审计意见

年份	审计意见	说明段/强调事项段
2013年	保留意见	导致保留意见的事项： 1. 如财务报表附注十、2所述，截至财务报告报出日，厦华电子已经终止经营原主营彩电业务，并在股东华映科技（集团）股份有限公司及其下属子公司华映视讯（吴江）有限公司、股东厦门建发集团有限公司的协助下进行资产、负债、人员清理工作，这种情况表明厦华电子持续经营能力存在重大不确定性。另外，厦华电子承诺自股票复牌之日（2013年11月26日）起六个月内不再筹划重大资产重组事项，因此，我们无法获取有关厦华电子运用持续经营假设编制财务报表的充分、适当的审计证据。2. 如财务报表附注十、2所述，厦华电子已经终止经营原主营彩电业务，在非正常经营过程中变现资产、清偿债务。截至财务报告报出日，厦华电子尚在对期后剩余应收款项、存货等流动资产进行清理变现，我们无法获取充分、适当的审计证据以判断厦华电子提取该部分流动资产跌价准备金额的准确性
2014年	带强调事项段的无保留意见	强调事项： 我们提醒财务报表使用者关注，如财务报表附注二、（二）所述，截至财务报告报出日，厦华电子已经终止经营原主营彩电业务，并在股东华映科技（集团）股份有限公司及其下属子公司华映视讯（吴江）有限公司、股东厦门建发集团有限公司的协助下基本完成资产、负债、人员清理工作，但公司的重组计划尚无实质性进展，这种情况表明厦华电子持续经营能力存在重大不确定性。本段内容不影响已发表的审计意见
2015年	带强调事项段的无保留意见	强调事项： 我们提醒财务报表使用者关注，如财务报表附注二、（二）所述，截至财务报告报出日，厦华电子已经终止经营原主营彩电业务，基本完成原资产、负债、人员清理工作，但公司的重组计划尚无实质性进展，这种情况表明厦华电子持续经营能力存在重大不确定性。本段内容不影响已发表的审计意见

续表

年份	审计意见	说明段/强调事项段
2016 年	带强调事项段的无保留意见	强调事项： 1. 如财务报表附注二、（二）所述，截至财务报告报出日，厦华电子已经终止经营原主营彩电业务，基本完成原资产、负债、人员清理工作，但公司尚处于形成稳定盈利模式的转型期，这种情况表明厦华电子持续经营能力存在重大不确定性。本段内容不影响已发表的审计意见； 2. 我们于 2017 年 2 月 24 日出具了编号为闽华兴所（2017）审字 G-026 号带强调事项段的无保留意见审计报告。如财务报表附注十四、1 所述：2017 年 4 月 27 日厦华电子第八届董事会第十六次会议决议通过了《关于 2016 年度会计差错更正的议案》，并重新编制了 2016 年财务报表。我们对厦华电子重新编制的 2016 年财务报表出具了新的审计报告
2017 年	带“与持续经营相关的重大不确定性”事项段的无保留意见	与持续经营相关的重大不确定性： 我们提醒财务报表使用者关注，截至财务报告报出日，厦华电子公司已经终止经营原主营彩电业务，基本完成原资产、负债、人员清理工作，但厦华电子公司的重组计划尚存在不确定性，这种情况表明厦华电子公司持续经营能力存在重大不确定性。厦华电子公司已在财务报表附注二、（二）中充分披露了可能导致对持续经营能力产生重大疑虑的主要情况或事项，以及厦华电子公司管理层针对这些事项和情况的应对计划。该事项不影响已发表的审计意见
2018 年	带“与持续经营相关的重大不确定性”事项段的无保留意见	与持续经营相关的重大不确定性： 我们提醒财务报表使用者关注，截至财务报告报出日，公司已经终止经营原主营彩电业务，基本完成原资产、负债、人员清理工作，但公司尚处于形成稳定盈利模式的转型期，这种情况表明公司持续经营能力存在重大不确定性。公司已在财务报表附注二、（二）中充分披露了可能导致对持续经营能力产生重大疑虑的主要情况或事项，以及公司管理层针对这些事项和情况的应对计划。该事项不影响已发表的审计意见
2019 年	带“与持续经营相关的重大不确定性”事项段的无保留意见	与持续经营相关的重大不确定性： 我们提醒财务报表使用者关注，公司已经自 2014 年起终止经营原主营彩电业务，截至财务报告报出日，已完成原资产、负债、人员清理工作，公司尚处于形成稳定盈利模式的转型期，公司现有经营业务的持续性存在较大的不确定性，这种情况表明公司持续经营能力存在重大不确定性。公司已在财务报表附注二、（二）中充分披露了可能导致对持续经营能力产生重大疑虑的主要情况或事项，以及公司管理层针对这些事项和情况的应对计划。该事项不影响已发表的审计意见
2020 年	带“与持续经营相关的重大不确定性”事项段的无保留意见	与持续经营相关的重大不确定性： 我们提醒财务报表使用者关注，公司自剥离彩电业务以来，公司克服资金、资源等方面的客观困难，积极探索、开拓相关贸易业务，但盈利能力较为羸弱，尚处于形成稳定盈利模式的转型期，公司现有经营业务的持续性存在较大的不确定性。这种情况表明公司持续经营能力存在重大不确定性。公司已在财务报表附注四、2 中充分披露了可能导致对持续经营能力产生重大疑虑的主要情况或事项，以及公司管理层针对这些事项和情况的应对计划。该事项不影响已发表的审计意见

续表

年份	审计意见	说明段/强调事项段
2021年	带“与持续经营相关的重大不确定性”事项段的无保留意见	与持续经营相关的重大不确定性： 我们提醒财务报表使用者关注，如财务报表附注二、（二）所述，截至2021年12月31日止，厦华公司未分配利润累计为－2 875 028 895.82元、2021年实现营业收入152 397 617.52元，但归属于母公司所有者的净利润为－4 737 609.51元，且归属于母公司股东权益为7 387 787.59元，资产负债率达93.84%。这些情况表明存在可能导致对公司持续经营能力产生重大疑虑的重大不确定性。公司已在财务报表附注二、（二）中充分披露了可能导致对持续经营能力产生重大疑虑的主要情况或事项，以及公司管理层针对这些事项和情况的应对计划。该事项不影响已发表的审计意见

资料来源：夏华电子的审计报告。

三、思考与讨论

1. 厦华电子持续经营能力存在重大不确定性，为何福建华兴会计师事务所对其2013年年报出具了保留意见，对其2014年年报出具了带强调事项段的无保留意见？

2. 请举例说明持续经营能力可能存在重大不确定性的情形。

3. 试论述持续经营能力的不确定性对于审计报告意见的影响。

第23章

会计估计审计：华平信息会计估计变更事件

一、案例背景

华平信息技术股份有限公司（以下简称“华平信息”）在净利润连续两年出现大幅下滑之际，于2019年4月发布了会计估计变更公告，对应收款项计提坏账准备的会计估计进行变更。具体变更内容为：(1) 以组合计提坏账准备的应收账款分类由原来的款项性质的组合和款项账龄的组合变化为关联方组合、无风险组合、账龄的组合三类；(2) 采用账龄分析法计提坏账准备的比例发生变化。这一会计估计的变更对于公司的影响如下：若以公司2018年经审计的财务报表进行测算，假定公司会计估计变更从2018年1月1日开始执行，本次会计估计变更将增加2018年公司归属于上市公司股东净利润956.42万元，占2018年归属于上市公司股东净利润的64.49%。众华会计师事务所对此会计估计变更出具了标准意见的专项审核报告。众华会计师事务所审计了华平信息2019年年度报表，出具了无保留意见。2019年度审计报告中将公司应收款项减值确定为关键审计事项，并披露了审计中的应对。

附件一　华平信息技术股份有限公司《关于会计估计变更的公告》

附件二　关于华平信息技术股份有限公司会计估计变更事项说明的专项审核报告

二、被审计单位的基本情况及主要的会计问题

1. 公司简介

华平信息技术股份有限公司的前身为上海华平计算机技术有限公司。2008年1月10日，上海华平计算机技术有限公司股东会形成决议，公司变更为股份有限公司。2008年2月25日，公司在上海市工商行政管理局履行了工商变更登记手续。公司主营业务为计算机软硬件及其他电子产品的设计、销售，计算机系统集成服务等。华平信息是国内知名的视讯产品与应用提供商，掌握视频处理、视音频编解码和网络适应性等核心技术，致力于通过视讯＋技术的行业化创新应用，为用户提供先进的视音频通信产品以及专业的智慧城市行业可视化应用解决方案与智慧城市运营解决方案，推进各行业业务模式的革新和人们生活智能化水平的提升。

2. 会计估计变更情况

（1）会计估计变更的原因。

华平信息在《关于会计估计变更的公告》中指出，随着公司业务的发展和外部经济环境的变化，应收账款相应增加，综合公司及各子公司的应收账款回款周期、应收账款结构（公司的主要客户为政府、国有大型企业等，信誉较好，但结算周期较长），结合公司实际情况及上市公司同行业公司的应收款项坏账计提标准，对应收款项的坏账准备计提方法进行了充分的评估。为了更加客观、真实、公允地反映公司财务状况和经营成果，根据《企业会计准则》等相关规定，公司拟对应收款项计提坏账准备的会计估计进行变更。

（2）会计估计变更的内容。

变更前公司应收账款计提坏账准备采用的会计估计。

①单项金额重大并单独计提坏账准备的应收款项（见表23-1）。

表23-1 单项金额重大并单独计提坏账准备的应收款项

单项金额重大的判断依据或金额标准	单项金额重大的判断依据为单项金额50万元（含50万元）以上

续表

单项金额重大并单项计提坏账准备的计提方法	对于单项金额重大的应收款项，当存在客观证据表明本公司将无法按应收款项的原有条款收回所有款项时，确认相应的坏账准备，根据该款项预计未来现金流量现值低于其账面价值的差额，单独进行减值测试，计提坏账准备

②按信用风险特征组合计提坏账准备的应收款项（见表23－2）。

表23－2　按信用风险特征组合计提坏账准备的应收款项

组合名称	坏账准备计提方法
按款项性质的组合	其他方法
按款项账龄的组合	账龄分析法

组合中，采用账龄分析法计提坏账准备的（见表23－3）：

表23－3　账龄及计提比例（一）

账龄	应收账款计提比例	其他应收款计提比例
90天以内	0	0
91～181天	1%	1%
181天～1年	3%	3%
1～2年	30%	30%
2～3年	60%	60%
3年以上	100%	100%

③单项金额不重大但单独计提坏账准备的应收款项（见表23－4）。

表23－4　单项金额不重大但单独计提坏账准备的应收款项

项目	内容
单项计提坏账准备的理由	对于单项金额不重大的应收款项，当存在客观证据表明本公司将无法按应收款项的原有条款收回所有款项时，应确认坏账准备
坏账准备的计提方法	根据该款项预计未来现金流量现值低于其账面价值的差额，单独进行减值测试，计提坏账准备

变更后公司应收账款计提坏账准备采用的是会计估计。

①单项金额重大并单独计提坏账准备的应收款项（见表23－5）。

表23－5　单项金额重大并单独计提坏账准备的应收款项

项目	内容
单项金额重大的判断依据或金额标准	单项金额重大的判断依据为单项金额50万元（含50万元）以上
单项金额重大并单独计提坏账准备的计提方法	对于单项金额重大的应收款项，当存在客观证据表明本公司将无法按应收款项的原有条款收回所有款项时，确认相应的坏账准备，根据该款项预计未来现金流量现值低于其账面价值的差额，单独进行减值测试，计提坏账准备

②按信用风险特征组合计提坏账准备的应收款项（见表23-6）。

表23-6 按信用风险特征组合计提坏账准备的应收款项

组合名称	确认组合的依据	坏账准备计提方法
关联方组合（合并范围内）	按关联方（合并范围内）划分组合	不计提坏账准备
无风险组合	应收的履约保证金、投标保证金等无回收风险的应收款项	不计提坏账准备
账龄组合	除上述组合及单项计提减值准备的应收款项之外，其余的应收款项按账龄划分组合	账龄分析法

组合中，采用账龄分析法计提坏账准备的（见表23-7）：

表23-7 账龄及计提比例（二）

账龄	应收账款计提比例	其他应收款计提比例
1年以内	5%	5%
1～2年	20%	20%
2～3年	40%	40%
3～4年	50%	50%
4～5年	80%	80%
5年以上	100%	100%

③单项金额不重大但单独计提坏账准备的应收款项（见表23-8）。

表23-8 单项金额不重大但单独计提坏账准备的应收款项

项目	内容
单项计提坏账准备的理由	对于单项金额不重大的应收款项，当存在客观证据表明本公司将无法按应收款项的原有条款收回所有款项时，应确认坏账准备
坏账准备的计提方法	根据该款项预计未来现金流量现值低于其账面价值的差额，单独进行减值测试，计提坏账准备

三、思考与讨论

1. 请讨论华平信息此项会计估计变更是盈余管理还是利润操纵。
2. 审计人员应如何实施会计估计及其披露审计？

第四篇　拓展案例

第24章

审计期望差距：登云股份审计案例

一、案例背景

2017 年 12 月，信永中和会计师事务所（特殊普通合伙）（以下简称“信永中和”）因对怀集登云汽配股份有限公司（以下简称“登云股份”）年报审计工作未勤勉尽责，被中国证监会予以行政处罚。在听证会上，信永中和与中国证监会展开了一场激烈的专业辩论，辩论的焦点在于信永中和是否勤勉尽责。信永中和申辩称已根据审计准则要求执行审计程序，履行了勤勉尽责义务，会计师事务所只能对财务报表整体不存在由于舞弊或错误导致的重大错报获取“合理保证”。中国证监会则认为登云股份财务造假的会计责任与注册会计师的审计责任是相互独立的，信永中和在执业过程中违反业务规则、未勤勉尽责，出具的文件存在虚假记载。综合考虑后，中国证监会采纳了信永中和部分申辩意见，对信永中和责令改正，没收业务收入 32 万元，没收违法所得 188 万元，并处以 220 万元罚款；对两名签字注册会计师郭某龙、夏某给予警告，并分别处以 5 万元罚款。

附件　中国证监会行政处罚决定书（信永中和会计师事务所、郭某龙、夏某）

二、审计机构的基本情况及主要的审计问题

1. 审计机构的基本情况

信永中和会计师事务所（特殊普通合伙）的发展史可追溯到1986年成立的中信会计师事务所，是国内成立较早且存续时间最长的会计师事务所之一，总部设在北京。为适应客户逐步趋于多元综合的服务需要，信永中和很早就确立了多元发展战略，已形成以审计鉴证业务为基础和龙头，与管理咨询、工程管理、税务会计平行发展的4大业务板块格局，实行专业条线与区域公司相结合的矩阵式管理新模式，成为一个综合性的大型专业服务集团。中国注册会计师协会发布的《2021年度会计师事务所综合评价百家排名信息》中，信永中和2021年度实现业务收入27.96亿元，有注册会计师1 455人，综合排名第10位。

2. 主要的审计问题

（1）三包索赔费用审计不充分。

登云股份2011年至2013年的三包索赔费用存在巨幅波动：2011年较2010年大幅增长，2012年后又呈逐年明显下降趋势，特别是2013年上半年三包索赔费用仅3.4万元。信永中和未充分关注三包索赔费用的异常情况。此外，信永中和在对三包索赔客户的函证中，存在盖章不符、回函差异及执行函证替代程序不充分等问题，导致未能发现登云股份三包索赔费用未入账的情况。

信永中和申辩称登云股份刻意隐瞒存在争议的三包索赔事项，调查人员可通过行政执法手段予以发现，而注册会计师即使穷尽所有手段也难以查出。基于审计存在的固有限制，对于未能发现的故意舞弊行为，信永中和不应承担责任。

（2）收入审计不充分。

在登云股份2013年年报的审计工作中，注册会计师对登云股份美国子公司（以下简称“美国登云”）主营业务收入科目审计底稿部分的抽凭范围包括“与发票信息是否一致，提货单/快递单是否签字，单据是否齐全，发票号、订单号、装箱单号/快递单号”。信永中和仅仅抽查了2013年6月15日、6月21日美国登云业务收入科目审计底

稿“是否制作了装箱单、是否提供发票”两项内容，抽凭范围不恰当。此外，信永中和抽查的美国登云收入凭证中确认收入的时间与登云股份发货时间相差无几，明显不符合正常海运周期，信永中和未对上述异常情况保持职业谨慎。

信永中和申辩称即使对登云股份的审计程序存在瑕疵，所导致的未能发现的累计错报也极小，远未达到重要性水平，不构成重大错报。会计师事务所即使未能发现，也不违反审计准则，不构成未勤勉尽责。

（3）未保持合理的职业谨慎。

在登云股份年报的审计工作中，信永中和未对以下异常保持合理的职业谨慎。第一，未充分关注登云股份与江苏申源特钢有限公司（以下简称“申源特钢”）资金往来的性质，未发现登云股份少确认贴现费用的情形。按照合同约定，登云股份向申源特钢以承兑汇票方式支付货款的金额不得超过总采购金额的 70%。登云股份 2013 年上半年、2014 年实际向申源特钢支付的承兑汇票超出合同约定可使用承兑汇票限额。登云股份少确认了相应的贴现费用。第二，在登云股份与山东旺特汽车零部件有限公司、山东富达美汽车零件有限公司、American Powertrain Components，Inc. 存在异常关联线索的情况下，未保持应有的职业审慎，核实关联方关系。

信永中和申辩称对申源特钢执行了有效的审计程序、对登云股份的关联方关系及其交易实施了充分的审计程序，即使信永中和未识别出登云股份相关的关联方，所导致的未能发现的关联交易金额在历年收入中的占比也极低，不影响财务报表的可信赖程度。会计师事务所的审计责任不同于会计责任，会计师事务所应根据准则要求恰当地运用“重要性概念”，对财务报表整体不存在由于舞弊或错误导致的重大错报获取“合理保证”。

三、思考与讨论

1. 请举例说明审计固有限制的具体情形。

2. 本案例中，信永中和认为会计师事务所已根据审计准则要求，执行审计程序、履行了勤勉尽责义务，会计师事务所只能对财务报表整体不存在由于舞弊或错误导致的重大错报获取“合理保证”，中国证监会则认为登云股份财务造假的会计责任与注册会计师的审计责任是相互独立的，信永中和在执业过程中违反业务规则、未勤勉尽责、出具的文件存在虚假记载。请结合案例谈谈你对审计期望差距的理解。

3. 试论述会计师事务所及注册会计师应如何弥合审计期望差距。

第25章

厘清会计责任与审计责任：五洋建设审计案例

一、案例背景

大信会计师事务所（特殊普通合伙）（以下简称“大信所”）为五洋建设集团股份有限公司（以下简称“五洋建设”）用于公开发行公司债券的2012年至2014年年度财务报表出具了审计报告。大信所在审计时未获取充分、适当的审计证据，为五洋建设出具了标准无保留意见的审计报告，出具的审计报告存在虚假记载。2019年1月，中国证监会予以行政处罚，对大信所责令改正，没收大信所业务收入60万元，并处以180万元罚款；对两名签字注册会计师钟某和、孙某伟给予警告，并分别处以10万元罚款。

五洋建设487名自然人投资者向浙江省杭州市中级人民法院提起了民事诉讼，要求五洋建设及大信所等四家中介机构承担民事赔偿责任。2020年12月浙江省杭州市中级人民法院一审判决，大信所对7.4亿元债务本息承担连带赔偿责任。2021年，浙江省高级人民法院终审判决维持一审原判。大信所不服浙江省高级人民法院（2021）浙民终430号民事判决，向最高人民法院申请再审。最高人民法院认定再审事由不能成立，驳回了大信所的再审申请。案件判决后，立即引发社会各界强烈反响，中介机构责任承担的适当性、如何厘清会计责任与审计责任成为业界讨论的热点话题。

附件一　中国证监会行政处罚决定书（大信会计师事务所、钟某和、孙某伟

附件二　王某与五洋建设集团股份有限公司、陈某樟证券虚假陈述责任纠纷一审民事判决书（节选）

附件三　大信会计师事务所、上海市锦天城律师事务所与北京四达星辰劳务服务有限公司、大公国际资信评估有限公司等证券虚假陈述责任纠纷再审审查民事裁定书（节选）

二、审计机构的基本情况及主要的审计问题

1. 审计机构的基本情况

大信会计师事务所始创于 1945 年，并于 1985 年重建，是我国注册会计师行业恢复重建后成立的第一家民办合伙制会计师事务所。重建以来，大信所已发展成为国内知名的大型会计师事务所，目前总部设在北京，并在全国设立了多家分支机构。中国注册会计师协会发布的《2021 年度会计师事务所综合评价百家排名信息》中，大信所 2021 年度实现业务收入 18.63 亿元，注册会计师 1 035 人，综合排名第 12 位。

2. 主要的审计问题

（1）对应收账款和应付账款“对抵”的账务处理审计不当。

五洋建设在编制 2012 年至 2014 年年度财务报表时，违反会计准则，通过将所承接工程项目应收账款和应付账款“对抵”的方式，同时虚减企业应收账款和应付账款，以少计坏账准备，导致 2012 年至 2014 年年度虚增净利润分别不少于 3 052.27 万元、6 492.71 万元和 15 505.47 万元。五洋建设应收账款与应付账款“对抵”的处理对其财务报表相关科目的影响金额远远超出了大信所 2013 年及 2014 年财务报表整体层面实际执行的重要性水平，而大信所在未获取充分、适当的审计证据加以验证的前提下，即认可了五洋建设关于应收账款和应付账款“对抵”的账务处理。

大信所申请再审称，大信所对五洋建设采取的应收应付对抵的账务处理出具无保留意见，符合五洋建设的经营和财务情况，具有合理性，不存在过错。大信所不存在为五洋建设募集发债篡改财务数据的情况，也不存在为使五洋建设满足募集发债条件而适用“应收应付对抵的财务处理”的主观故意。导致债券无法兑付的真正原因是五洋建设改变资金用途产生的经营损失，与大信所无关。大信所的“虚假陈述”仅让五洋建设公司

多发行9.6%的公司债券。根据公平责任和过责相当的原则，大信会计所即便存在过错，也非首恶，不应承担连带赔偿责任。

（2）审计质量控制存在缺陷。

大信所在得知审计报告用于五洋建设发债目的时，未按照其制定的《审计业务项目分类管理暂行办法》（2013年）的规定将该项目风险级别从C类调整为风险程度更高的B类并追加相应的审计程序，审计质量控制不到位。

三、思考与讨论

1. 五洋建设应收账款和应付账款“对抵”的账务处理会导致哪些错报？
2. 请阐述财务报表审计中管理层的会计责任与注册会计师的审计责任。
3. 结合本案例，试论述如何厘清会计责任与审计责任。

第26章

新《证券法》对注册会计师行业的影响：堂堂会计师事务所被罚事件

一、案例背景

2019年12月28日，第十三届全国人大常委会第十五次会议审议通过了修订后的《中华人民共和国证券法》（以下简称新《证券法》），于2020年3月1日起施行。新《证券法》调整了对会计师事务所等证券服务机构从事证券业务的监管方式，将资格审批改为备案；压实中介机构市场“看门人”法律职责，加大了会计师事务所等证券服务机构违法处罚力度。

2020年3月26日，新疆亿路万源实业投资控股股份有限公司（以下简称“新亿公司”）发布了《关于聘任深圳堂堂会计师事务所的公告》。借着新《证券法》的东风，深圳堂堂会计师事务所（以下简称“堂堂所”）因承接新亿公司年报审计业务，成为中国第一家承接上市公司审计业务的中小会计师事务所。次日，上海证券交易所向新亿公司发出了问询函。问询函要求新亿公司与堂堂所说明，在堂堂所收入规模较小、人数较少、没有从事证券服务业务经验、业务承接时间距离年报法定披露期限较近的情况下，堂堂所是否具备专业胜任能力，能否保证审计质量，能否承担审计失败后的赔偿责任。果然，2022年2月25日，因为新亿公司的年报审计业务，中国证监会对堂堂所予以行政处罚，责令其改正，没收业务收入1 970 297.01元，处以11 821 782.06元的罚款，并令其暂停从事证券服务业务1年；对注册会计师吴某堂给予警告，并处以100万元的罚款；对注册会计师刘某斌给予警告，并处以50万元的罚款；对注册会计师刘某辉给予警告，并处以30万元的罚款。此外，中国证监会还对三名注册会计师吴某堂、刘某斌、刘某辉分别采取10年、5年、3年证券市场禁入措施。

附件一 中国证监会行政处罚决定书（堂堂所、吴某堂、刘某斌、刘某辉）

附件二 关于新疆亿路万源实业投资控股股份有限公司聘请年审会计师相关事项的问询函

二、审计机构的基本情况及主要的审计问题

1. 审计机构的基本情况

深圳堂堂会计师事务所成立于2005年，2018年度业务收入85.32万元，其中审计业务收入84.82万元，公司总资产68万元，净资产19万元。审计业务的主要服务行业包括制造业、信息传输业、软件和信息技术服务业、批发和零售业、交通运输业、仓储和房地产业。

2. 主要的审计问题

（1）事务所层面。

①审计独立性缺失。

堂堂所通过注册会计师刘某辉承接新亿公司年度财务报表审计业务。2020年3月26日，新亿公司与堂堂所签订《审计业务补充约定书》，堂堂所承诺对新亿公司2019年度财务报表不出具否定或无法表示意见的审计报告，并约定若堂堂所受到处罚，新亿公司需对堂堂所进行补偿。堂堂所承诺支付给刘某辉业务约定书总额20%的居间费用。堂堂所为要求注册会计师刘某斌签署新亿公司相关审计报告，承诺对可能导致的行政处罚给予补偿。此外，在新亿公司年报审计过程中，堂堂所违规修改审计报告内容，包括新亿公司子公司喀什韩真源投资有限责任公司（以下简称“韩真源”）年报审计意见类型及其他重要事项。

②质量控制存在缺陷。

堂堂所的质量控制流于形式。堂堂所新亿公司年审项目原质量控制复核人在复核新亿公司年审项目后拒绝签字，由项目签字注册会计师吴某堂兼任质量控制复核人。签署

审计报告前，吴某堂未审阅完底稿，没有发现审计报告存在的问题；刘某斌仅复核了审计报告和实质性底稿的电子版，没有完整复核所取得的审计证据。

（2）注册会计师层面。

①收入审计存在缺陷。

堂堂所收入审计存在缺陷。一、租金收入审计不到位。堂堂所在发现新亿公司子公司韩真源的租金收入仅存在发票未提供相关合同的异常情形，在租赁协议未实际履行的情况下，注册会计师吴某堂协助新亿公司修改租金抵账协议，要求韩真源和相关方尽快盖章，并据此在审计报告中确认了该笔租金收入。二、未有效核实贸易收入的真实性。新亿公司存在贸易收入对应的采购方与销售方的工商注册地址一致、存货账实不符等异常情况，且公司财务人员变动较大，提供给注册会计师的收入确认资料不齐备。堂堂所在新亿公司收入存在舞弊风险的情况下，未进一步实施审计程序以核实其真实性。三、未有效核实物业费收入的真实性。新亿公司孙公司喀什鼎盛源物业服务有限公司（以下简称“鼎盛源”）在实际未提供物业管理服务、未确认物业服务成本也未实际获取现金流入的情况下，确认物业管理收入。堂堂所注册会计师刘某斌关注到该收入无对应的成本，也对该收入提出过质疑，并要求喀什宏腾达物业服务有限公司（以下简称“宏腾达”）补充出具说明，但仅在宏腾达补充出具由宏腾达承担物业管理成本的情况说明后，即认可新亿公司确认相关收入，没有实施必要的收入审计程序。此外，堂堂所还在审计报告日后补充审计程序，为掩盖审计中发现的问题修改、删除审计底稿，导致审计报告虚假记载。

②投资性房地产审计存在缺陷。

在审计新亿公司子公司韩真源的投资性房地产过程中，堂堂所依赖评估机构深圳中洲资产评估有限公司（以下简称“中洲评估”）出具的评估报告。在利用第三方评估机构的工作时，堂堂所未考虑中洲评估出具的相关报告使用的重要假设的合理性，未对评估报告中参数设置进行有效复核。堂堂所抽查了部分物业信息进行租金价格比对，但选取的物业信息数量较少且与开源市场不具有可比性，未关注到评估机构设定的单位租金价格显著高于实际，空置率参数设置显著低于实际，未对投资性房地产的核算获取充分、适当的审计证据即对相关会计处理予以认可，导致未能发表恰当的审计意见。

③未有效识别关联方。

堂堂所未能准确获取与识别新亿公司的关联方关系。堂堂所编制底稿时未将新疆宏晟置业有限公司（以下简称“宏晟置业”）等主体列示为关联方，在编制合并报表时又将宏晟置业等主体错误作为关联方披露，导致 2019 年年报中其他应付款关联方交易信息期初数和期末数包含的关联方不一致，进而导致 2019 年审计报告中期初与期末关联方认定口径不一致，新亿公司2019年年报中其他应付款关联方交易信息披露错误。

④未对函证的发出和收回保持控制。

在应收账款、应付账款函证中，堂堂所通过邮箱函证替代函证，但是函证前并未向公司获取邮箱地址并核实其真实性，而是将注册会计师吴某堂的邮箱给了新亿公司，收到邮箱回复函证情况后，也未核实回复函证邮箱的真实归属，未关注到函证金额存在错误且对方予以确认的情况。在出具审计报告后，补充实施函证程序时，其仍然通过新亿公司将函证给到客户，未对函证过程实施有效控制。在其他应收款函证和营业外收入函证中，堂堂所发现提供函证联系人、联系方式及联系地址的工作人员非新亿公司员工的异常情况，未保持职业怀疑；发现上述工作人员代管公章、账务资料、税务登记系统账号密码、网银等资料的异常情况，上述工作人员提供的两家公司的函证地址一致且其中一家公司的函证地址和其注册地址不一致的异常情形，未保持职业怀疑；未核实函证联系人的真实身份；发出函证后，从上述工作人员处收到中盛亚科技有限公司回函并与其进行了确认，上述工作人员确认由其寄出而非函证对象寄出，未对回函的真实性保持怀疑，也未将发现的异常情形予以记录。

三、思考与讨论

1. 本案例中，堂堂所承诺支付居间费用违反了哪项职业道德基本原则？

2. 请比较新旧《证券法》下，对于会计师事务所及注册会计师违法违规行为的处罚力度。中国证监会对于堂堂所及其注册会计师的行政处罚重吗？

3. 请论述新《证券法》对注册会计师行业的影响。

第 27 章

信息系统审计：乐视网审计案例

一、案例背景

2020 年 7 月 21 日乐视网信息技术（北京）股份有限公司（以下简称“乐视网”）被深圳证券交易所摘牌。尽管已退市，乐视网连续十年财务造假的余波仍在。越来越多的中介机构被卷入乐视网财务造假漩涡当中。信永中和会计师事务所（以下简称“信永中和”）为乐视网 2015 年、2016 年年度财务报表提供审计服务，2022 年 4 月收到了中国证监会的行政处罚决定书。中国证监会责令信永中和会计师事务所改正违法行为，没收业务收入 1 509 434 元，并处以 3 018 868 元罚款；对两名注册会计师常某波、白某敏给予警告，并分别处以 5 万元罚款。

附件　中国证监会行政处罚决定书（信永中和会计师事务所、常某波、白某敏）

二、主要的审计问题

1. 方舟系统 IT 审计不到位

2015 年年报审计中，注册会计师通过访谈了解了乐视网广告业务系统——方舟系统的基本情况，认为广告业务系人工控制。在乐视网未提供五家样本公司投放量、排期等系统数据的情况下，注册会计师也未进行穿行测试、控制测试，却得出“未发现异常”的审计结论。

2016年年报审计中，注册会计师在重点审计领域策略中提出：要利用IT审计人员对乐视网广告业务系统——方舟系统进行审计，了解公司在广告投放过程中相关数据是否存在舞弊。经查，注册会计师未获取充分、适当的审计证据证明方舟系统曝光量数据的可靠性、完整性与准确性。注册会计师在营业收入实质性审计程序中，抽取了10家大额广告客户261笔线上广告投放订单，用订单中约定的单价乘以方舟系统中的曝光量，与订单金额进行比较，用以确认广告实际投放金额与订单金额是否相符，金额是否准确。审计底稿显示，有17笔订单的差异率在40%以上，这些重大差异在一定程度上表明，方舟系统曝光量数据的可靠性、完整性与准确性存在问题。注册会计师未采取进一步审计程序，直接得出“测算差异较小，未发现异常”的审计结论。

2. 风险识别与应对存在缺陷

2015年年报审计中，注册会计师未对广告业务“销售与收款循环”内部控制中的重要环节进行穿行测试，也未执行控制测试。乐视网广告业务内部控制流程有“对账与调节”环节，注册会计师未对这一重要环节进行穿行测试。注册会计师未选取样本对广告业务“销售与收款循环”内部控制有效性进行测试，却得出“内控有效”的审计结论。

2016年年报审计中，乐视网设计了一项控制措施，即广告实际投放后，应收账款主管复核与客户的对账报告，即向客户寄发的对账单是否均已收回，客户回复金额是否与明细账记录金额一致，如有差异，差异原因是否已经调查，是否需要调整会计记录，以防止未经发布的广告确认了收入。注册会计师在穿行测试时即发现这一控制措施未得到执行，即没有收到客户的对账回单，但仍得出“未发现销售收款循环中有缺失的环节”的审计结论，也未选取样本进行控制测试。此外，注册会计师识别出乐视网两项控制缺陷：（1）乐视网每月根据广告的实际投放进度与客户进行对账，但未留下纸质对账单；（2）乐视网签订的广告合同约定有第三方检测报告，但实际业务执行过程中大部分为内部数据信息，财务未留存该信息。对方收到对账邮件后未反馈就视同认可。注册会计师将上述两个缺陷认定为一般缺陷。根据乐视网广告业务特点、广告行业的通常做法以及注册会计师对此控制措施的认定，上述缺陷应属内部控制的重大缺陷，注册会计师判断错误。同时，注册会计师也未意识到上述重大缺陷增加了广告业务的舞弊风险。

3. 未有效执行应收账款函证替代程序

注册会计师对乐视网 92 家客户的应收账款进行函证，36 家客户回函，回函金额占期末应收账款余额的 17.87%；56 家客户未回函。注册会计师未对全部未回函的客户进行替代测试，仅选取了 36 家未回函客户执行了替代测试程序。在执行函证替代测试程序的客户中，注册会计师仅获取了应收账款明细表或乐视网广告业务系统部分销售订单，或前述二者，未获取其他相关、可靠的审计证据。

三、思考与讨论

1. 财务报表审计中信息系统审计包括哪些内容？

2. 注册会计师可以实施何种审计程序证实与财务报表相关的信息系统生成信息的可靠性、完整性与准确性？

3. 企业利用信息系统进行财务造假的案例屡见不鲜，结合本案例试论述注册会计师如何应对此类审计风险。

第28章

数据式审计模式：瑞幸咖啡财务舞弊案例

一、案例背景

2020年2月浑水公司发布了一份对瑞幸咖啡有限公司（以下简称“瑞幸咖啡”）股票的做空报告，声称瑞幸咖啡财务数据和业务数据造假。在遭遇做空后，瑞幸咖啡被做空基金起诉，随后瑞幸咖啡按美国证券交易委员会（SEC）要求成立特别委员会进行自查。2020年4月，瑞幸咖啡自曝公司存在22亿元的财务造假，股价一夜跌去75%，市值蒸发352亿元。

2020年12月16日，SEC起诉指控瑞幸咖啡此前严重虚报公司营收、费用和净运营亏损，以此欺骗投资者，试图使其看起来实现了快速的增长和提高了盈利能力。面对SEC的指控，瑞幸咖啡同意支付1.8亿美元的民事罚款以达成和解。在SEC的行政诉讼书中，详细说明了瑞幸咖啡财务舞弊的手段。

附件　美国证券交易委员会起诉书（SEC Complaint）（节选）

二、被审计单位的基本情况及主要的会计问题

1. 被审计单位的基本情况

瑞幸咖啡有限公司，成立于 2017 年 6 月 16 日，注册地为开曼群岛（英国），总部位于厦门，是中国门店数最多的连锁咖啡品牌之一。公司于 2019 年 5 月 17 日在美国纳斯达克证券交易所上市。因财务舞弊，于 2020 年 6 月 29 日退市。退市后，公司正常运营。截至 2022 年 6 月，瑞幸咖啡在中国的门店数已突破 7 000 家，结合无人咖啡机“瑞即购”，为顾客提供高品质、高性价比、高便利性的服务。

2. 主要的会计问题

瑞幸咖啡实际经营过程中未能达到自己的非凡预测，也未能达到市场对收入和增长的高预期，于是某些高管和高级经理故意策划、批准并实施了虚假销售和交易。瑞幸咖啡的财务舞弊人员创建了一个虚假的运营数据库，并篡改了银行记录，以向公司的财务部门和其他人隐瞒他们的不当行为，导致瑞幸咖啡财务报表存在重大误导性陈述。

（1）虚增收入。

从 2019 年 4 月开始，瑞幸咖啡编造优惠券销售交易，人为夸大其收入和增长。瑞幸咖啡的财务舞弊人员策划并实施了三个独立的欺诈计划，以捏造优惠券销售和相关收入。

在第一种方案中，瑞幸咖啡伪造了所谓的个人客户的优惠券销售和赎回。从 2019 年 4 月开始，瑞幸咖啡员工和其他人从瑞幸员工及其家人控制的个人银行账户，以及员工与某些官员和董事有关的两个实体（如微信、支付宝账户是同一个人控制）转账。随后，这笔资金被用来在瑞幸咖啡的应用程序上购买优惠券。瑞幸咖啡通过其员工的行动，创建了虚假的客户订单来“兑换”优惠券，尽管真正的订单从未存在，优惠券也从未兑换过，但瑞幸咖啡确认了虚假的收入。因此，瑞幸咖啡伪造了数百万美元的销售额。

在第二种方案中，瑞幸咖啡的某些员工伪造了向四个所谓的企业客户销售优惠券的行为，这些客户都是由瑞幸咖啡的员工控制或关联的。2019 年 5 月开始，这四个公司

的资金直接转移到瑞幸咖啡，用四个公司的支付宝账户在瑞幸咖啡的应用软件上购买优惠券。与第一个方案一样，瑞幸咖啡创建假的零售客户订单兑现优惠券，虽然真正的订单从来没有存在，实际上从来没有兑现优惠券。因此，瑞幸咖啡伪造了数千万美元的销售额，几乎是第一种方案中伪造销售额的三倍。

在第三种方案中，瑞幸咖啡的特定员工伪造了销售优惠券的第三方空壳公司，也就是传说中的中介代理——对个人客户转售优惠券的虚拟代理人。从2019年5月开始，瑞幸咖啡与虚拟代理人签订了虚假优惠券购买协议。在第三种方案中，七家融资公司（统称“融资公司”），包括参与第二种方案的两个公司，从2019年5月开始将资金转入瑞幸咖啡的银行账户。融资公司由瑞幸咖啡控制或关联。瑞幸咖啡的某些员工修改了公司的银行对账单，使资金看起来像是来自虚构的代理机构，而不是融资公司。然后，这些瑞幸咖啡的员工生成了假优惠券，并向虚拟代理人伪造了优惠券销售。最后瑞幸咖啡创建虚假的从虚拟代理人处购买优惠券的个人客户订单，并进行优惠券兑换。但真正的订单从来没有存在，也从未兑换优惠券。在第三种方案中，瑞幸咖啡伪造了数亿美元的销售额，占总伪造收入（约3.11亿美元）的近90%。

瑞幸咖啡通过数据库（业务运营数据库）来跟踪其业务运营，包括优惠券销售、赎回和客户订单。为了实现上述财务舞弊计划，瑞幸咖啡的某些员工创建了第二个数据库（伪造数据库），其中包括合法的优惠券销售、赎回和客户订单，以及伪造的优惠券销售、赎回和客户订单。财务部只能使用伪造的数据库，而无法查看数据库的原始报告，因此无法区分合法的交易和伪造的交易。因此，财务部将伪造的交易纳入瑞幸咖啡公开披露的财务报表中。

（2）虚增成本和费用。

在伪造优惠券销售的同时，瑞幸咖啡还将资金返还给融资公司，包括第二种方案中涉及的四家所谓的企业客户，既直接通过银行转账，也间接支付给供应商。例如，瑞幸咖啡向13家所谓的原材料供应商支付了款项，并向三家没有向瑞幸咖啡提供任何服务的公司支付了配送费。瑞幸咖啡将这些付款确认为业务相关费用以虚增成本和费用，确保成本和费用与增加的、虚高的收入保持一致。

（3）内部会计控制系统不完善。

瑞幸咖啡未能设计和维持内部会计控制系统，以合理保证交易的记录是真实的、准确的。正是因为瑞幸咖啡缺乏足够的内部控制，财务舞弊行为才得以持续至少9个月而未被发现。例如，瑞幸咖啡的业务系统的源数据在未被发现的情况下被篡改；瑞幸咖啡缺乏必要的内部会计控制，无法确保支付给第三方的款项是具有商业实质的、与第三方的交易已适当披露。

三、思考与讨论

1. 浑水公司的调查方法对审计人员有何启示?

2. 新零售企业财务报表高度依赖信息系统，许多专家学者提出数据式审计模式以应对新经济、新业态。试论述数据式审计模式与风险导向审计模式的区别。

参考文献

[1] 石本仁，会计教学案例.北京：中国人民大学出版社，2010.

[2] 石本仁，会计教学案例.2版.北京：中国人民大学出版社，2017.

[3] 吴可夫，审计案例分析.上海：立信会计出版社，2022.

[4] 颜晓燕，朱清贞，陈福庭.注册会计师审计经典案例教程.2版.北京：清华大学出版社，2017.

[5] 颜晓燕，朱清贞，陈福庭.注册会计师审计经典案例教程.北京：清华大学出版社，2010.

[6] 中国注册会计师协会.中国注册会计师继续教育审计案例：第4辑.北京：中国财政经济出版社，2015.

[7] 中国注册会计师协会.中国注册会计师继续教育审计案例：第3辑.北京：中国财政经济出版社，2012.

图书在版编目（CIP）数据

审计实务教学案例/彭俊英，陈艳芬主编；吴津钰，张丹丹副主编. -- 2 版. -- 北京：中国人民大学出版社，2024. 11. --（普通高等学校应用型教材）. -- ISBN 978-7-300-33379-3

Ⅰ. F239. 0-42

中国国家版本馆 CIP 数据核字第 2024QQ7914 号

普通高等学校应用型教材·审计

审计实务教学案例（第 2 版）

主　编　彭俊英　陈艳芬

副主编　吴津钰　张丹丹

Shenji Shiwu Jiaoxue Anli

出版发行	中国人民大学出版社		
社　　址	北京中关村大街 31 号	**邮政编码**	100080
电　　话	010－62511242（总编室）		010－62511770（质管部）
	010－82501766（邮购部）		010－62514148（门市部）
	010－62515195（发行公司）		010－62515275（盗版举报）
网　　址	http://www. crup. com. cn		
经　　销	新华书店		
印　　刷	中煤（北京）印务有限公司	**版　　次**	2018 年 9 月第 1 版
开　　本	787 mm×1092 mm　1/16		2024 年 11 月第 2 版
印　　张	8. 75 插页 1	**印　　次**	2024 年 11 月第 1 次印刷
字　　数	160 000	**定　　价**	32. 00 元

中国人民大学出版社　管理分社

教师教学服务说明

中国人民大学出版社管理分社以出版工商管理和公共管理类精品图书为宗旨。为更好地服务一线教师，我们着力建设了一批数字化、立体化的网络教学资源。教师可以通过以下方式获得免费下载教学资源的权限：

- ★ 在中国人民大学出版社网站 www.crup.com.cn 进行注册，注册后进入“会员中心”，在左侧点击“我的教师认证”，填写相关信息，提交后等待审核。我们将在一个工作日内为您开通相关资源的下载权限。

- ★ 如您急需教学资源或需要其他帮助，请加入教师 QQ 群或在工作时间与我们联络。

中国人民大学出版社　管理分社

教师 QQ 群：648333426（工商管理）　114970332（财会）　648117133（公共管理）
教师群仅限教师加入，入群请备注（学校＋姓名）

联系电话：010-62515735，62515987，62515782，82501048，62514760

电子邮箱：glcbfs@crup.com.cn

通讯地址：北京市海淀区中关村大街甲 59 号文化大厦 1501 室（100872）

管理书社　　人大社财会　　公共管理与政治学悦读坊